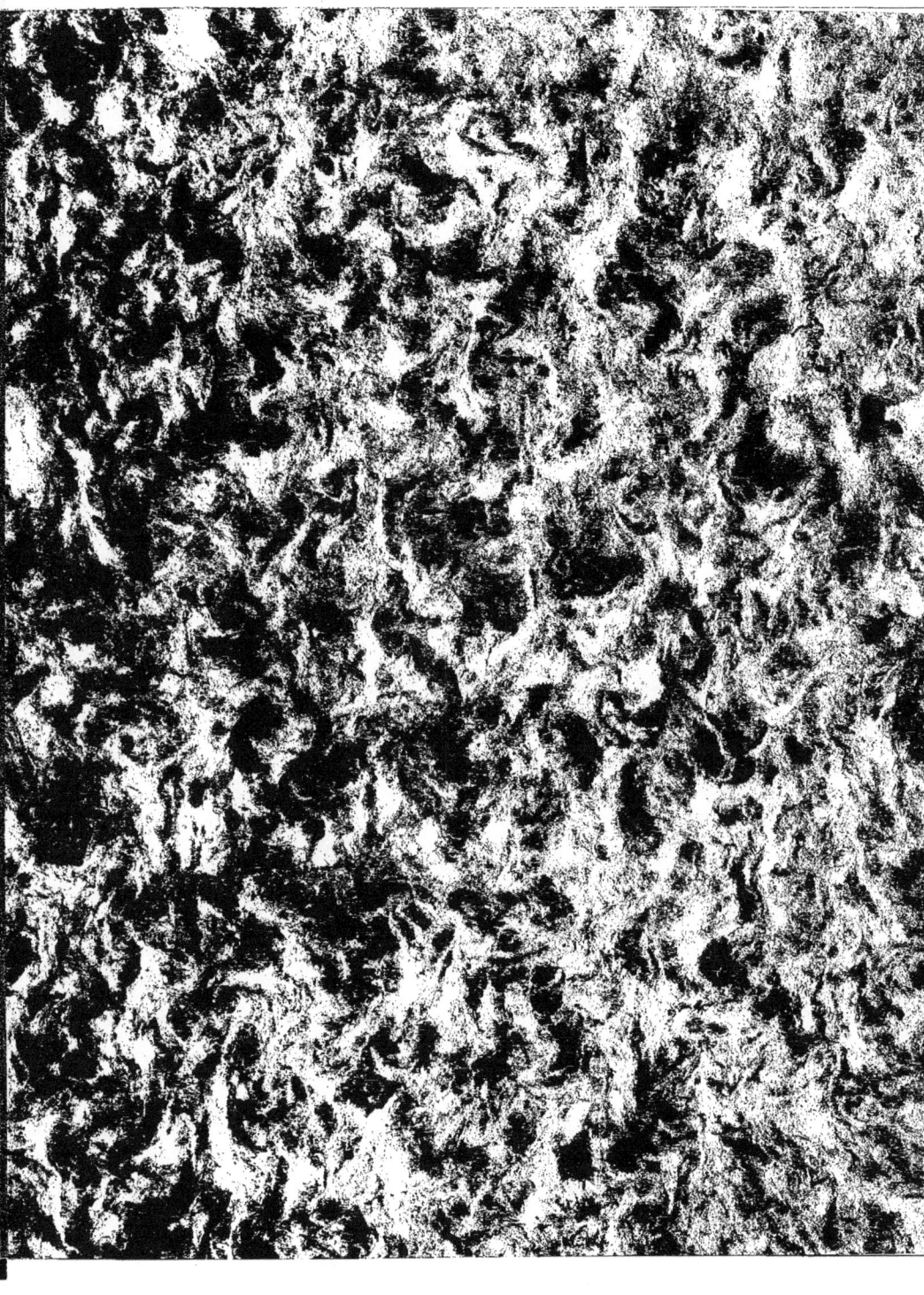

COLLECTION
Ch. GILLOT

Deuxième Partie

PARIS — 1904

CONDITIONS DE LA VENTE

Elle sera faite au comptant.

Les acquéreurs paieront 10 0/0 en sus des enchères.

COLLECTION CH. GILLOT

ESTAMPES JAPONAISES

ET

Livres Illustrés

Dont la vente aura lieu les 15, 16, 18 et 19 avril 1904

A l'HOTEL DROUOT, Salle n° 8

Commissaire-Priseur : M° P. CHEVALLIER, 10, rue Grange-Batelière.

Expert : M. S. BING, 22, rue de Provence.

EXPOSITIONS :

PARTICULIÈRES : Chez M. S. BING, du 28 mars au 9 avril 1904 ;
Et à l'HOTEL DROUOT, les 12 et 13 avril (Entrée rue Grange-Batelière) ;

PUBLIQUE : A l'HOTEL DROUOT, le 14 avril 1904 ;

De 2 heures à 6 heures.

LIVRES ILLUSTRÉS ET ESTAMPES

Page tirée du n° 1.

Page tirée du n° 158.

Livres illustrés et Estampes

Livres anonymes.

1. — *Tengou daïri.* — Le monde des Tengous. Treize pages d'illustration enluminées en rouge corail et jaune.

XVII° siècle. 3 vol. 0,24 × 0,18.

2. — *Nitchirén chôninn tchiugwasan.* — Récits poétiques illustrés de la vie du révérend Nitchirén. Quatre-vingt-neuf pages d'illustration. Épisodes divers et scènes légendaires relatifs à la vie de ce saint prêtre.

1632. 1 vol. 0,28 × 0,19.

3. — *Jôyô koummô dzuyé.* — Éducation des jeunes femmes. Quatre-vingt-quatre pages d'illustration. Détail des trousseaux pour les jeunes mariées et modèles des ustensiles de ménage usités; décors de robes et d'obi; ornements de toilette, etc.

1688, Kioto. 5 vol. réunis, 0,22 × 0,16.

4. — *Jinrinn koummô dzuyé.* — Éducation morale illustrée. Quatre-vingt-neuf pages d'illustration. Scènes de la vie courante de toutes les classes de la population.

1690. 1 vol. 0,23 × 0,16.

4 bis. — *Yéhon Taïra no Tsunémori.* — Livre illustré sur Tsunémori Taïra. Cinquante-deux pages très remplies d'illustrations, offrant des scènes de théâtre relatives aux actions héroïques de ce célèbre guerrier.

Époque de Hôyei (1704-1710). 1 vol. 0,20 × 0,15.

4 *ter*. — *Kwatchô fou*. — Album de fleurs et d'oiseaux. Quarante-quatre pages d'illustration. Ouvrage chinois. 1 vol. 0,29 × 0,21.

Kôyetsu.

5. — *Sanjûrok'kacén*. — Trente-six poètes. Trente-six pages d'illustration, offrant chacune un portrait de poète accompagné d'une de ses poésies.

1 vol. 0,34 × 0,25.

Otoyama Jinhitchi.

6. — *Shinsan somimono hinagata*. — Nouveau recueil de dessins pour teinturiers. Cent dix-neuf pages d'illustration. Décors de robes.

Commencement du xviii° siècle. 1 vol. 0,26 × 0,18.

7. — *Yéhon hana katsura*. — Le livre des coiffures fleuries. Trente-sept pages d'illustration; les premier et troisième volumes figurant des scènes de théâtre et le second volume représentant une histoire du monde des souris.

Commencement du xviii° siècle. 3 vol. 0,21 × 0,16.

Imoura Katsukitchi.

8. — *Fouriou hinagata taïsei*. — Recueil complet de dessins d'après les modes nouvelles. Cent seize pages d'illustration. Décors de robes.

1712, Kioto. 3 vol. 0,26 × 0,19.

Yochimoura Katsumassa.

9. — *Taïsei chutchô*. — Le meilleur des annuaires complets. Cent douze pages d'illustration. Études d'animaux et de plantes.

Vers 1720. 3 vol. 0,26 × 0,18.

9 *bis*. — *a*. Fragment de l'ouvrage précédent, t. I.

b. *Miyamagoussa*. — Trente-deux pages d'illustration. Études d'oiseaux, t. I.

Hichigawa Moronobou [1].

10. — Scènes de la vie populaire. Quatorze pages d'illustration enluminées, montées en album.

1 vol. 0,23 × 0,17.

---

[1] Moronobou (1648-1715), si on ne peut le considérer comme le fondateur initial de l'Ecole *Oukiyoyé*, dans laquelle Matahei l'avait précédé, en devint le véritable chef et le grand vulgarisateur par la création de ses nombreux livres popu-

Pages tirées du n° 9 bis b.

11. — *Kohiakouninn ichû.* — Les cent poètes anciens. Quatre-vingt-treize pages d'illustration, offrant chacune un portrait surmonté d'un petit cartouche de paysage accompagné de texte.

1 vol. 0,26 × 0,18.

12. — *Sanjurok'kacén.* — Trente-six poètes. Trente-six pages d'illustration, offrant chacune un portrait surmonté d'un petit cartouche de paysage accompagné de texte.

1670. 1 vol. 0,26 × 0,18.

13. — *Oukiyo hiakouninn jôyô.* — Cent images de femmes de ce monde éphémère. Trente et une pages d'illustration en noir. Figures de femmes en leurs occupations familières.

1681, Yédo. 1 vol. 0,26 × 0,19.

13 bis. — Album de figures. Vingt-deux pages d'illustration.

1682. 1 vol. 0,26 × 0,18.

Détail d'une page du n° 9.

14. — *Hôjô bikou.* — La nonne vénérée. Douze pages d'illustration. Scènes de cour, scènes héroïques et apparitions du ciel.

1683, Yédo. 1 vol. 0,22 × 0,15.

15. — *Yamato chinô yézoukouchi.* — Recueil représentant depuis le noble jusqu'au paysan de Yamato. Quarante pages d'illustration. Scènes populaires de la vie des artisans et des laboureurs; épisodes de bataille.

1684, Yédo. 1 vol. 0,26 × 0,18.

16. — *Hiakouninn ichû sugata.* — Poèmes des cent poètes. Trente-quatre pages d'illustration, où sont représentées toutes les classes de la société japonaise.

1685, Yédo. 1 vol. 0,22 × 0,16.

17. — *Bokouyô kiôkachû.* — Recueil de poésies légères, traitant de présages. Dix pages d'illustration. Scènes d'intérieur ou de plein air.

1 vol. sur 2 (manque t. 1). 0,22 × 0,15.

18. — *Ni'chinn chôninn tokouyôki.* — Maximes de morale appliquées par le révérend Ni'chinn. Huit pages d'illustration. Scènes héroïques et religieuses.

Kioto. 1 vol. 0,22 × 0,15.

laires et par son innovation des estampes. Il représente la souche dont sont issues ces longues filiations d'artistes qui allaient tenir sous le charme, deux siècles durant, l'âme vibrante du peuple japonais.

19. — *Nasakéno Yujo.* — La courtisane sympathique. Quarante-deux pages d'illustration. Scènes diverses à personnages.

    1685, Yédo. 1 vol. 0,26 × 0,18.

20. — *Yégata senninn tsukouchi.* — Groupes de curieuses figures de senninn. Soixante pages d'illustration surmontées de frises de texte.

    1689, Yédo. 1 vol. 0,24 × 0,18.

21. — *Taïchokoukan nido no tama tori.* — La perle sacrée de Taïchokoukan, servant pour la seconde fois. Huit pages d'illustration. Scènes de théâtre.

    Yédo. 1 vol. 0,22 × 0,16.

22. — *Tokino ak'kô doténô rak'kwa* (titre d'un vieux conte). — Cinq pages d'illustration enluminées. Scènes de combat.

    1 vol. 0,22 × 0,15.

23. — *Sôga monogatari.* — Histoire des Sôga. (Les deux frères Sôga.) Dix pages d'illustration. Luttes en présence de personnages nobles.

    Yédo. 1 vol. 0,22 × 0,15.

24. — *Moucha yézukouchi.* — Recueil illustré des guerriers. Quarante planches d'illustration. Scènes héroïques tirées de l'histoire et de la légende.

    Yédo. 1 vol. 0,27 × 0,18.

25. — *Chinriki Tawaratôda.* — Force divine de Tawaratôda. Huit pages d'illustration. Sujets de théâtre.

    1701, Yédo. 1 vol. 0,22 × 0,16.

26. — *Wakokou chochokou yézoukouchi.* — Recueil des diverses professions des Japonais. Quatre-vingt-onze pages d'illustration. Artisans au travail.

    4 vol. 0,26 × 0,18

27. — *Bijinn yézukouchi.* — Réunion de belles femmes. Trente-trois pages d'illustration. Épisodes de la vie de femmes nobles, célèbres par leur beauté.

    1 vol. 0,25 × 0,18.

28. — *Wakokou hiakoujô.* — Les cent femmes du Japon. Soixante-deux pages d'illustration. Scènes de la vie des femmes de toutes classes.

    2 vol. réunis 0,26 × 0,17 1/2.

29. — *Yokei djikouri niwa-no-dzu.* — Reproductions de vues de jardins. Trente-six pages d'illustration. Paysages avec figures.

    1691, Yédo. 1 vol. 0,27 × 0,18.

Page tirée du n° 13.

30. — Sept estampes en largeur, enluminées, représentant des exercices équestres devant des spectateurs nobles assis d'un côté de la piste, et des gens du peuple placés de l'autre. Larg. 0,38 ; haut. 0,26.

31. — Trois estampes érotiques en noir. Larg. 0,37 ; haut. 0,28.

32. — Ouvrage érotique en deux volumes, contenant cinquante pages d'illustration en noir, accompagnées de texte. 0,23×0,16.

33. ——— en un volume, contenant soixante-seize pages d'illustration en noir. 0,26×0,18. Sign. *Hichigawa Moronobou*.

34. ——— en un volume, contenant vingt-trois pages d'illustration en noir. 0,27×0,19.

35. ——— en un volume, contenant trente-une pages d'illustration en noir. 0,22×0,16. Daté 1683. Sign. *Hichigawa*.

36. ——— en deux volumes, contenant cinquante-six pages d'illustration en noir. 0,27×0,19.

37. ——— en un volume, contenant vingt-deux pages d'illustration en noir. 0,26×0,18.

École de Moronobou.

38. — Ouvrage érotique en un volume, contenant trente-quatre pages d'illustration en noir. 0,26×0,18.

39. ——— en deux volumes, contenant cinquante-huit pages d'illustration en noir. 0,24 1/2 × 0.17.

Hichigawa Morofussa [1].

40. — *Yehon kimono no moyô*. — Livre des décors de robes. Quatre-vingt-quatre pages d'illustration.

Environ 1700. 1 vol. 0,23×0,16.

École des Toriï.

41. — *Ghénpei neihari youmi*. — Les deux arcs puissants de Ghen (Ghenji) et de Hei (Heiki). Quarante pages d'illustration. Scènes de théâtre, représentant des épisodes de la guerre des *Minamoto* et *Taïra*.

1 vol. 0,20×0,15.

---

[1] Fils et élève de Moronobou.

Pages tirées du n° 10.

Toriï Kiyonobou [1].

42. — Grande estampe en hauteur. Impression noire enluminée de rouge corail. Une femme, assise sur un banc, rajuste son peigne en rassemblant sur le dessus de la tête la double courbe de ses deux bras garnis de larges manches flottantes. Haut. 0,54 ; larg. 0,29.

43. —— Impression noire, enluminée rouge corail. Dans une vaste salle donnant sur une terrasse, une poétesse, son livre à la main, est assise devant une table chargée de cahiers. Haut. 0,53 ; larg. 0,32.

44. —— Impression noire, enluminée de rouge corail. A côté d'un baquet, dans lequel elle a fait tomber une tige de feuillage, une femme est dressée, une banderolle en main. Fragment.

45. — Estampe du format hossoyé [2]. Impression noire, enluminée. Jeune femme assise sur un tronc d'arbre.

46. —— Impression noire, enluminée en rouge corail. Couple d'acteurs : une femme debout, se penche vers son compagnon assis sur le sol, où gît un masque de *Hania*.

47. —— Impression noire, enluminée. Deux acteurs en femmes, porteurs du double sabre. L'un, debout, agite sa sandale au-dessus de la tête de l'autre.

48. —— Ourouchiyé [3]: Acteur en costume de samouraï, soulevant, en guise de chapeau, une grande coupe de saké retournée.

49. —— Ourouchiyé. Joueuse à la raquette.

50. —— Ourouchiyé. La scène représentant le coup de flèche sur l'éventail, tiré d'un bateau à l'autre, par lequel se termina la guerre des *Taïra*.

Détail d'une page du n° 43.

---

[1] (1664-1729) Fondateur de la durable lignée des Toriï, dont les premières générations se vouèrent surtout à reproduire les effigies des acteurs célèbres et les scènes de théâtre.

[2] On appelle *hossoyé* le format étroit en hauteur sur lequel, le plus souvent, sont représentées les figures d'acteurs.

[3] On appelle *ourouchiyé* les gravures dont seul le trait est imprimé, avec enluminures rehaussées de laque noir et de poudres d'or.

Toriï Kiyomassou[1].

51. — Grande estampe en hauteur. Impression noire, enluminée. Un grand faucon sur perchoir.

52. — Estampe du format hossoyé. Ourouchiyé. Jeune femme, ayant posé à côté d'elle une hotte chargée de deux vases à saké.

53. ——— Ourouchiyé. Acteur en samouraï, devant un paravent, deux poupées gisant à ses pieds.

54. ——— Ourouchiyé. Deux acteurs : Un jeune homme, tenant un rouleau, est assis sous une véranda devant un seigneur accroupi à l'entrée de la maison.

55. ——— Ourouchiyé. Deux acteurs : femme debout, parlant à un homme assis devant elle.

56. ——— Ourouchiyé. Deux acteurs en femme, causant.

57. ——— Ourouchiyé. Acteur, soulevant une échelle en s'appuyant du pied sur un sac de riz.

58. ——— Ourouchiyé. Acteur debout, en costume de samouraï.

59. — Grande estampe en hauteur. Béniyé[2]. Cavalier, représentant le général Kiyomassa.

60. — Estampe du format hossoyé. Béniyé. Groupe d'acteurs, représentant un prêtre assis entre deux personnages debout : une femme tenant une raquette et un jeune seigneur portant un seau de fleurs.

Toriï Kiyochighé[3].

61. — Grande estampe en hauteur. Impression noire, enluminée en rouge. Figure d'acteur, grimé en héros antique et vêtu d'une ample robe avec traîne à plis cassés, munie de larges manches ; à la ceinture un grand sabre cintré, le bout dressé en l'air.

Détail d'une page du n° 19.

[1] (1679-1763) Fils et élève de Kiyonobou.
[2] On appelle *béniyé* les impressions à deux tons, vert et rose tendre, qui furent les premières impressions en couleurs.
[3] Élève de Kiyonobou.

No 42.

Page tirée du n° 19.

62. — Estampe du format hossoyé. Ourouchiyé. Jeune femme debout auprès d'un cerisier en fleur.

63. — Grande estampe du format hossoyé. Impression en vert et rose. Acteur dans le rôle d'un daïmio.

Toriï Kiyonobou le jeune (ou Toriï Shiro)[1].

64. — Estampe du format hossoyé. Béniyé. Groupe de deux acteurs, peint sur un paravant; l'un portant un grand parasol à long manche.

65. — — Béniyé. Groupe de trois acteurs devant une estrade chargée de trois musiciens.

66. — — Béniyé. Une femme, assise devant une tchaya (maison de thé) remet une lettre à une jeune homme agenouillé devant elle.

[1] Troisième fils de Kiyonobou l'aîné, et son élève.

Partie d'une page du n° 21.

67. — Estampe de format hossoyé. Béniyé. Deux acteurs, homme et femme, derrière lesquels sont assis, dans un décor de paysage, quatre musiciens.

68. ——— Deux acteurs, homme et femme, devant une estrade où sont assises deux musiciennes.

Toriï Kiyomitsu [1].

69. — Grande estampe du format hossoyé. Béniyé. Acteur dans le rôle d'un héros en lutte avec un tigre.

70. ——— Béniyé. Jeune femme en costume de promenade.

71. ——— Béniyé. Acteur dans le rôle d'un samouraï, tenant un éventail à demi plié.

72. ——— Impression en vert et rose. Acteur dans un rôle de jeune seigneur, un écran à la main.

73. ——— Autre épreuve de la composition précédente.

74. ——— Jeune femme en costume de pèlerinage.

75. ——— Jeune seigneur tenant une lettre.

76. ——— Béniyé. Figure de komousso [2].

[1] (1735-1785) Fils de Kyomassu.
[2] Les komousso étaient des personnages qui, ayant à se cacher, parcouraient le pays couverts d'un grand chapeau, jouant de la flûte et vivant d'aumônes, souvent à la recherche d'un ennemi pour l'accomplissement de quelque vendetta.

77. — Grande estampe format hossoyé. Béniyé. Acteur en samouraï, soulevant une étagère garnie d'un pin et d'un bambou.

78. —— Béniyé. Deux figures de komousso, marchant côte à côte.

79. — Estampe format hossoyé. Impression en noir, enluminée de tons légers. Jeune fille portant une lettre.

Page tirée du n° 24.

80. —— Estampe hossoyé. Impression en noir, enluminée de tons légers. Acteur en costume d'un homme de qualité, fumant et portant son ratelier à pipes.

81. —— Béniyé. Jeune fille, montrant une estampe à un jeune samouraï assis sous un prunier en fleur.

82. —— Format hossoyé. Six feuilles d'acteurs, variées.

83. —— Format hossoyé. Huit feuilles d'acteurs, variées.

Toriï Kiyotsuné[1].

84. — Deux estampes du format hossoyé. Impression en deux tons. Feuilles d'acteurs.

Toriï Kiyohiro[2].

85. — *Sérifou.* — Jeu d'acteurs. Cinq pages d'illustration. Figures de théâtre.
1738, Yédo. 1 vol. 0,22 × 0,15.

86. — *Tomimoto.* — Onze pages d'illustration. Portraits d'acteurs ou de danseuses figurés au milieu du texte.
1754. 1 vol. 0,22 × 0,15.

87. — Scènes de femmes et d'enfants, se divertissant en plein air ou dans les maisons. Quatorze pages d'illustration en impression de couleurs *béniyé*.
1 vol. 0,22 × 0,15.

88. — Grande estampe du format hossoyé. Impression en vert et rose. Acteur dans le rôle d'un seigneur, portant un chrysanthème dans un vase.

89. — — — Impression en vert et rose. Acteur dans le rôle d'une jeune femme, représentée debout, fumant une longue pipe.

90. — — — Impression en vert et rose. Acteur dans le rôle d'une jeune femme représentée en mouvement de marche.

91. — — — Impression en vert et rose. Jeune femme, tenant à la main son grand chapeau en forme de cloche.

92. — — — Impression en vert et rose. Joueur de flûte.

93. — — — Impression en vert et rose. Jeune femme, tenant un déversoir à long manche.

94. — — — Deux grandes estampes, hossoyé. Impression en vert et rose : Acteur dans un rôle de samouraï. — Jeune homme portant, au bout d'un fil, un petit panier contenant une poupée.

95. — Cinq estampes en format hossoyé. Impression en vert et rose. Cinq feuilles d'acteurs.

[1] Élève de Kiyonobou.
[2] Élève de *Toriï Shiro.*

N° 97.

Okoumoura Massanobou [1].

96. — *Yéhon Moucha.* — Livre illustré de figures de guerriers. Sept grandes planches doubles, sans texte. Scènes historiques.

1 vol. 0,25 × 0,18.

97. — Grande estampe en hauteur. Impression noire, enluminée. Jeune femme en marche vers la gauche, la main gauche enfouie sous la manche, levée vers la nuque, la main droite maintenant les plis de la robe que le vent chasse en arrière, laissant à découvert le bas de la jambe.

Sign. *Hôgethsudo Okoumoura Bounkakou Massanobou.*

98. — Grande estampe en largeur. Impression noire, enluminée. Intérieur d'une grande maison de thé, donnant, toutes cloisons ôtées, sur un fleuve animé de barques dont les rives opposées et les ponts fourmillent du mouvement de la grande ville. Au premier plan des femmes sont assemblées autour d'un jeu de *gô* sous les regards attentifs d'un jeune homme, pendant qu'un second convive dort à poings fermés et qu'un troisième festoie avec d'autres femmes. Dans une salle adjacente des danseuses exécutent leurs mouvements rythmés devant un personnage pris de boisson.

Sign. *Okoumoura Bounkakou Massanobou.*

99. — Estampe en largeur. Ourouchiyé. Duo d'amour. En de vastes salles, dont les enfilades s'ouvrent sur un jardin, une princesse entourée de ses femmes, exécute, sur un koto, un morceau de musique auquel un jeune étranger, arrêté au dehors, derrière la haie, répond par un air de flûte.

N° 66

[1] (1685-1764) Élève de Kiyonobou ; signe parfois *Bounkakou, Kwammio, Hôghetsudo* ou *Tantchôçaï*.

100. — Estampe du format hossoyé. Ourouchiyé. Acteur, en costume d'un héros de l'antiquité chinoise, debout entre deux femmes assises.
Sign. *Okoumoura Kwammio Massanobou.*

101. ———— Ourouchiyé. Jeune femme debout, agaçant un chat par une enfilade de sapèques suspendues au bout d'un fil.

102. ———— Ourouchiyé. Acteur, armé de deux sabres, se penchant vers une femme assise devant lui.
Sign. *Okoumoura Massanobou.*

103. — Estampe hossoyé. Ourouchiyé. Figure de Chôki, l'œil au guet, sabre au clair.

104. — Deux estampes, hossoyé : Ourouchiyé noir. Même sujet que précédent numéro, autrement interprété. — Ourouchiyé. Figure de Yébisou, un poisson sous le bras, sa ligne sur l'épaule.

105. ———— Panneau comprenant deux estampes format hossoyé. Ourouchiyé : Jeune homme en promenade. — Jeune couple sur une terrasse.

106. — Trois estampes en largeur. Impression noire : Jeune homme offrant à boire à une femme. — Héros légendaire et princesse. — Groupe de deux danseurs, homme et femme.

Page tirée du n° 85.

(Les deux dernières feuilles portent le cachet de la collection Kiôçaï.)

Okoumoura Tochinobou [1].

107. — Estampe du format hossoyé. Ourouchiyé. Un homme et une femme causant dans la rue ; la femme tenant une casaque entre ses mains.

108. ———— Ourouchiyé. Jeune femme debout, un éventail ouvert dans sa main levée.

109. ———— Ourouchiyé. Jeune femme en promenade, les mains croisées par devant pour relever les plis de sa robe.

110. ———— Ourouchiyé. Jeune femme, figurée dans une coupe à saké dressée sur le bord.

[1] Fils et élève de Massanobou.

N° 129.

111. — Estampe hossoyé. Ourouchiyé. Groupe d'acteurs : un homme debout fait ses comptes sur le *soroban* en parlant à une femme assise devant lui.

112. ——— Ourouchiyé. Un homme boucle le nœud de ceinture d'une jeune femme debout devant lui.

Sign. *Nihon gwakio Okoumoura Tochinobou.*

113. ——— Ourouchiyé. Acteur, un parapluie sur l'épaule, un grand sabre passé dans sa ceinture.

114. ——— Ourouchiyé. Jeune femme, marchant, la tête tournée en arrière, un rouleau d'écriture à la main. Tonalité rouge.

Nichimoura Shighénaga[1].

115. — Estampe du format hossoyé. Ourouchiyé. Un marais animé de deux canards, l'un nageant, l'autre posé au bord de l'eau, sur un rocher couronné de feuillages.

116. — Petite estampe en largeur. Ourouchiyé. Dans un cartouche en forme d'éventail, des jeux enfantins ; les uns luttant, d'autres en arrêt devant un étalage d'armurier.

117. — Estampe en format hossoyé. Ourouchiyé. Jeune femme en promenade, serrant le lacet qui retient son manteau sur la poitrine.

Sign. *Nichimoura Shighénaga.*

N° 120

118. ——— Ourouchiyé. Groupe de deux acteurs ; l'un, accroupi, tenant un présentoir garni d'une boîte de confiserie.

Sign. *Nichimoura Magoçabouro.*

119. ——— Ourouchiyé. Deux acteurs debout ; l'un brandissant une sandale.
Idem.

[1] Élève de Kiyonobou. Signe aussi *Nichimoura Magoçabouro* ou *Senkwadō*.

120. — Estampe hossoyé. Béniyé. Jeune couple en promenade ; le jeune homme appuyé sur l'épaule de sa compagne et lui prenant la main.

Sign. *Senkwadô Nichimoura Shighénaga.*

Partie d'une page tirée du n° 135.

121. — Estampe en format kakémono. Ourouchiyé noir et bistre. Grande figure de Chôki, s'avançant l'œil sournois, le glaive tiré.

Nichimoura Shighénobou[1].

122. — Estampe du format hossoyé. Ourouchiyé. Jeune femme, se retournant vers un garçonnet qui lui parle.

Sign. *Nichimoura Shighénobou.*

[1] Fils et élève de Shighénaga adopte aussi, comme ce dernier, la signature *Magoçaburo*, mais la trace en écriture cursive.

Page tirée du n° 132.

Nichimoura Shighénobou.

123. — Estampe hossoyé. Ourouchiyé. Jeune homme assis sous une véranda, tenant à la main une lettre pliée.

Sign. *Nichimoura Shighénobou.*

Ichikawa Toyonobou [1].

124. — Estampe en format hossoyé. Béniyé. Benké et Yochitsuné sur le pont de Gojô.

Sign. *Ichikawa Toyonobou.*

125. —— Béniyé. Jeune homme sous un érable, tenant à la main son grand chapeau tressé, en forme de cloche.

126. — Grande estampe en hauteur. Béniyé. Jeune femme assise sur le petit poêle carré des intérieurs japonais. Elle tient une longue pipe et lit un rouleau d'écriture. Haut. 0,42; larg. 0,29.

Sign. *Ichikawa Shuha Toyonobou.*

127. —— Béniyé. Dame et fillette jouant au volant sous les branches fleuries d'un prunier. Haut. 0,32 ; larg. 0,26.

Idem.

128. —— Béniyé. Couple d'amoureux, jouant du chamisén. Haut. 0,44; larg. 0,29.

Idem.

129. —— Béniyé. Une jeune femme, debout, prend la main d'un jeune samouraï, assis auprès d'elle. Haut. 0,44 ; larg. 0,31.

Idem.

130. — Deux grandes estampes, hossoyé. Impression en trois tons : Danseuse à la tête de cheval. — Jeune homme relevant son grand chapeau.

Page tirée du n° 130.

[1] (1711-1785) Élève de Shighénaga ; signe aussi *Shuha*.

Nichigawa Sukénobou[1].

131. — *Kiôhô hinagata*. — Modèles de (la période) Kiôhô. Trente-deux pages d'illustration. Décors de robes.

1716. 1 vol. 0,24 × 0,17.

132. — *Wakokou hiakoujô*. — Cent femmes japonaises. Vingt-sept pages d'illustration. Figures de femmes en plein air ou en des intérieurs.

1 vol. 0,27 × 0,19.

133. — *Hiakoujô ichú*. — Un poème de chacune des cent femmes (poétesses). Quarante-deux pages d'illustration. Figures de femmes et scènes de la vie d'intérieur.

1 vol. 0,26 × 0,18.

134. — *Ghenji-no-yéchô*. — Illustrations limpides (du roman) de Ghenji. Vingt-neuf pages d'illustration. Figures de femmes nobles.

1730. 1 vol. 0,26 × 0,19.

135. — *Yehon tokiwa goussa*. — Livre des plantes toujours vertes. Soixante-six pages d'illustration. Groupes de femmes se livrant à des soins domestiques, ou se divertissant dans la campagne.

1735. 2 vol. 0,27 × 0,19.

136. — *Yéhon Assakayama*. — Les doux parfums de la montagne. Vingt-huit pages d'illustration, offrant, chacune, une figure de femme, quelques-unes en société d'un enfant ou d'une compagne.

1739, Kioto. 1 vol. 0,26 × 0,18.

137. — *Yéhon tamakazura*. — Album des tamakazura (nom d'une sorte de liane). Cinquante-six pages d'illustration. Scènes d'intérieur et de plein air.

1742, Kioto. 1 vol. 0,22 × 0,16.

138 — *Nichigawa onna china sadamé*. — Femmes de tous rangs peintes par Nichigawa. Trente-deux pages d'illustration, chacune ornée d'une figure de femme accompagnée d'un *mon* placé dans un angle supérieur de la page.

1 vol. 0,21 × 0,15.

139. — Scènes populaires. Quarante et une pages d'illustration enluminées.

1745, Kioto. 2 vol. 0,22 × 0,15.

[1] (1674-1754) Sukénobou, primitivement élève de Kano Yéno s'enrôla dans l'école Tôça pour se rallier finalement à l'Oukiyoyé-riu; s'est uniquement consacré à l'illustration des livres imprimés en noir, sans aborder la production des feuilles d'estampes.

Pages tirées du n° 143.

140. — *Yéhon himé tsubaki*. — Princesses-camélia (rapprochement symbolique). Soixante pages d'illustration. Scènes historiques de la vie de femmes célèbres.

1745. 1 vol. 0,22 × 0,15 1/2.

141. — *Yéhon kawa-no-goussa*. — Les herbes de la rivière. Cinquante-deux pages d'illustration. Figures de femme. Préface par Sukétada, fils de l'artiste, justifiant le titre de l'ouvrage en disant que le sujet de la femme est inépuisable comme l'eau de la rivière.

1747, Kioto. 2 vol. réunis 0,23 × 0,16.

142. — *Yéhon massou kagami*. — Le meilleur des miroirs. Quatre-vingts pages d'illustration. Occupations féminines.

1748, Kioto. 1 vol. 0,22 × 0,16.

143. — *Hiakounim jôrô china sadamé*. — Cent femmes de tout rang. Quatre-vingt-douze pages d'illustration. Occupations féminines.

1748. 2 vol. 0,26 × 0,19.

144. — *Yéhon tchiyomigoussa*. — Les plantes toujours vertes. Soixante-dix-neuf pages d'illustration. Occupations féminines.

1755. 3 vol. 0,26 × 0,19.

145. — *Yéhon Miako zôchi*. — Vues de la capitale. Soixante-six pages d'illustration. Scènes animées dans l'intérieur de la ville et dans la banlieue.

1756, Kioto. 3 vol. 0,22 × 0,15.

146. — *Yéhon mitsuwayoussa*. — Livre des herbes à trois feuilles. Cinquante-sept pages d'illustration. Scènes de la vie de la femme. Préface par Sukétada, fils de l'artiste.

1758, Kioto. 2 vol. sur 3. 0,27 × 0,18 (manque le t. 2).

147. — *Yéhon Komatsuhara*. — Livre de la plaine aux jeunes pins. (Le mot *Komatsu*, jeunes pins, contient en même temps une allusion au nom de Komatchi, la belle poétesse.) Huit grandes planches doubles, sans texte. Femmes poètes et musiciennes, représentées d'après l'histoire ou la tradition légendaire.

1 vol. 0,27 × 0,19.

148. — Même ouvrage que précédent, dans une réédition augmentée d'un second volume. Trente-six pages d'illustration.

1762, Kioto. 2 vol. 0,27 × 0,19.

149. — *Hara momidji*. — La plaine aux érables. Trente-quatre pages d'illustration. Scènes diverses et études de fleurs.

1770, Kioto. 1 vol. 0,22 × 0,16.

N° 225.

140. — *Yehon hime tsubaki*. — Princesses-camélia (rapprochement symbolique). Soixante [...] d'illustration. Scènes historiques de la vie de femmes célèbres.

1745. 1 vol. 0,22 × 0,15. f. 2.

141. — *Yehon kawa-no-gusa*. — Les herbes de la rivière. Cinquante-deux pages d'illustration. Figures de femme. Préface par Sukétada, fils de l'artiste, justifiant le titre de l'ouvrage en disant que le sujet de la femme est inépuisable comme l'eau de la rivière.

1747. Kioto. 2 vol. réunis 0,23 × 0,16.

142. — *Yehon masuse kagami*. — Le meilleur des miroirs. Quatre-vingts pages d'illustration. Occupations féminines.

1748. Kioto. 1 vol. 0,22 × 0,16.

143. — *Hiakunino pitto chana sodame*. — Cent femmes de tout rang. Quatre-vingt-douze pages d'illustration. Occupations féminines.

1748. 2 vol. 0,26 × 0,19.

144. — *Yehon tokiwagusa*. — Les plantes toujours vertes. Soixante-dix-neuf pages d'illustration. Occupations féminines.

[...]. 3 vol. 0,26 × 0,19.

145. — [...]. — Vues de la capitale. Soixante-six pages d'illustration. Scènes animées dans [...] et dans la banlieue.

[...]. 2 vol. 0,22 × 0,15.

146. — [...]. — [...] des herbes à trois feuilles. Cinquante-sept pages d'illustration. [...] par Sukétada, fils de l'artiste.

[...]. (le t. 2).

147. — [...]. — [...] jeunes pins. (Le mot *Komatsu*, jeunes pins, contient [...] Komatchi, la belle poétesse.) Huit grandes planches [...] Femmes-poètes et musiciennes, représentées d'après l'histoire ou la [...].

148. — [...] édition augmentée d'un second volume. Trente-[...] pages d'illustration.

1762. [...].

149. — *Hiakunin [...]*. — [...] Trente-quatre pages d'illustration. Scènes diverses et études de [...].

1770. Kioto. 1 vol. 0,22 × [...].

150. — *Yéhon hiji boukouro*. — Le sac des choses cachées. Cinquante-huit pages d'illustration. Scènes populaires.

   1776, Kioto. 1 vol. 0,22 × 0,15.

151. — *Yéhon komiyo sakoura*. — Album des cerisiers (arbre national) célèbres. Quatre-vingt-cinq pages d'illustration. Hauts faits des guerriers japonais.

   1788, Kioto. 2 vol. 0,22 × 0,15.

Page tirée du n° 157.

152. — Ouvrage érotique en trois volumes, contenant trente pages d'illustration en noir, accompagnées par des pages de texte. 0,24 × 0,17.

   Sign. *Nichimoura Sukénobou*.

Nichigawa Sukétada [1].

153. — *Jioyô hana-no-yu*. — Éducation des femmes, fleurs fortunées. Cinquante-deux pages d'illustration. Scènes variées empruntées aux légendes.

   2 vol. 0,22 × 0,16.

---

[1] Fils et élève de Sukénobou.

Page tirée du n° 158.

154. — *Minanogawa*. — (Nom d'une rivière, symbolisant ici le cours qui conduit d'une chose à une autre). Quatre-vingt-dix-sept pages d'illustration. Scènes populaires.

3 vol. réunis 0,21 × 0,16.

155. — *Yéhon kagami hiakouchiu*. — Album-miroir des cent poésies. Cent pages d'illustration. Scènes anecdotiques.

1752, Kioto. 1 vol. 0,22 × 0,15.

156. — *Yéhon hibiki-no taki*. — Le bruissement de la cascade. Soixante-six pages d'illustration. Scènes de la rue et d'intérieur.

1753, Kioto. 3 vol. 0,22 × 0,15.

Oaka Shumbokou[1].

157. — Vingt-six pages d'illustration. Recueil d'anciennes peintures.

1720, Yédo. 1 vol. fragment d'un ouvrage en 3 vol. 0,26 × 0,18.

158. — *Ramma dzuchiki*. — Modèles pour *ramma* (impostes en bois découpés). Quatre-vingts pages d'illustration à motifs variés de décors.

1734, Yédo. 3 vol. réunis 0,20 × 0,26.

159. — *Gwahon hiroïha*. — Album de feuilles ramassées. Quatre-vingt-seize pages d'illustration. Recueil d'anciennes peintures.

Sign. *Seschoçaï*.

1751, Osaka. 3 vol. réunis 0,27 × 0,18.

[1] Artiste ayant travaillé pendant le deuxième quart du xviiie siècle à la production de nombreux livres imprimés, reproduisant d'anciennes peintures avec un talent supérieur et non dépourvu d'une certaine dose d'originalité propre.

Page tirée du n° 158.

160. — *Tobayé daïzén*. — Recueil complet des dessins de Toba. Cent quarante pages d'illustration. Caricatures.

    3 vol. réunis 0,25 × 0,18.

161. — *Wakan meihitsu gwayé*. — Les peintures les plus renommées de la Chine et du Japon. Deux cent quarante pages d'illustration. Reproductions d'œuvres de toutes écoles de peinture.

    1807, Yédo. 6 vol. réunis, 0,26 × 0,18.

162. — Reproductions d'anciennes peintures. Vingt-neuf pages d'illustration.

    1 vol. 0,25 × 0,17. Fragment d'ouvrage.

162 bis. — *Hissei moucha kén*. — Dessins sur les puissants guerriers. Quatre-vingt-treize pages d'illustration. Épisodes tirés de la légende et de l'histoire.

    1746, Osaka. 5 vol. 0,26 × 0,18.

Tatchibana Morikouni [1].

163. — *Yéhon Ochikoubaï*. — Histoire des poètes célèbres. Cent soixante-dix-huit pages d'illustration. Figures, animaux et sujets divers.

    1740, Kioto. 5 volumes sur 7. 0,22 × 0,16 (manquent les t. 5 et 6).

164. — *Oumpitsu sôgwa*. — Dessins cursifs suivant la marche du pinceau. Trente-quatre pages d'illustration. Motifs divers, reproduisant des esquisses brossées à l'encre de Chine.

    1749 [2], Osaka, 3 volumes, 0,27 × 0,18.

[1] (1670-1748) Élève de Tanzan. Peintre et savant lettré, Morikouni a puisé dans l'histoire, dans la légende et dans le trésor des vieux romans. Il a en outre créé de véritables œuvres encyclopédiques renfermant des modèles pour tous les arts, sans compter certaines œuvres personnelles d'un mérite hors ligne, tel l'*Oumpitsu sôgwa* (n° 164 du catalogue).

[2] La préface est datée de 1748, année de la mort du peintre.

Hôkio Tatchibana Yassukouni[1].

165. — *Yéhon no yamagoussa*. — Les plantes des champs et de la montagne. Quatre-vingt-quatre pages d'illustration. Études de fleurs.

1755, 3 volumes sur 5, 0,22 × 0,15 (manquent les t. 3 et 4).

Page tirée du n° 164.

166. — *Yéhon yeibutsu sén*. — Poésies historiques illustrées. Cent soixante-six pages d'illustration. Paysages, animaux et personnages.

1779, Osaka. 5 volumes réunis, 0,22 × 0,16.

Artistes divers.

166 *bis*. — Six volumes dépareillés, donnant, pour la plupart, des reproductions d'anciennes peintures.

[1] Élève de Morikouni.

N° 238.

Hôkio Tatchibana Yassukouni[1].

Articles divers.

Hanaboussa Ittcho [1].

167. — *Hanaboussa ouji gwahon.* — Album de dessins de la famille *Hanaboussa*. Cent trente-neuf pages d'illustration.

1751, Osaka. 3 volumes réunis, 0,27 × 0,18.

Page tirée du n° 170.

168. — *Gwahon djihén.* — Reproductions de dessins et de peintures. Cent quinze pages d'illustration. Scènes à personnages.

1752, Yédo. 3 volumes, 0,27 × 0,18.

168 bis. — Album de vingt planches en couleurs, d'après des peintures d'*Ittcho*. Scènes populaires.

1 vol. 0,25 × 0,18.

---

[1] (1652-1724) Sorti de l'école de Kano, s'est fait le pinceau le plus alerte parmi les adeptes du style populaire; contemporain et émule de Moronobou, mais n'ayant jamais travaillé pour la gravure. Les livres portant son nom sont des compilations posthumes, reproduisant des aquarelles sorties de sa main et redessinées, la plupart, par Hanaboussa Ippô, son élève.

Tsukiôka Massanobou[1].

169. — *Yéhon komei foutaba goussa.* — Gloire de deux feuilles de jeunes pousses (rejetons de deux familles). Soixante pages d'illustration. Légendes relatives à l'enfance d'hommes célèbres.

1759, Osaka. 3 volumes, 0,25×0,17.

169 *bis*. — Même ouvrage ; les trois volumes réunis en un seul.

170. — *Onna bouyû kébaï kourabé.* — Femmes héroïques et vertueuses. Soixante-huit pages d'illustration. Actions d'éclat accomplies par des femmes.

1766, Osaka. 3 volumes réunis, 0,25× 0,18.

Hacégawa Mitsunobou.

171. — Trente-cinq pages d'illustration. Scènes guerrières.

1756. 1 volume, 0,21×0,16.

Hayami Shunchôçaï[2].

172. — *Korobanou sakino dzuyé.* — Cherchez un appui avant de tomber. Trente pages d'illustration. Scènes de la vie courante.

Kioto. 3 vol. 0,22 × 0,16.

Rôrén.

172 *bis*. — *Rôrén gwafou.* — Album de *Rôrén*. Quarante-quatre pages d'illustration. Esquisses de personnages et d'animaux.

Yédo, 1763. 1 vol. 0,22×0,16.

N° 193

[1] Nommé aussi Tanghé et Rôjinnsaï. Florissait surtout vers le milieu du XVIII° siècle ; mort en 1786. Illustrateur d'un talent hors ligne, par ses remarquables qualités de force et d'élégance.
[2] Vers 1775.

Livres divers.

172 *ter*. — Six volumes divers, dont un par Harunobou.

Souzouki Harunobou[1].

173. — *Seiro bijinn awacé*. — Réunion des beautés des maisons vertes. Cent soixante-onze pages d'illustration en impression de couleurs, offrant, chacune, une figure de jeune femme. 1 volume. 0,26 × 0,18.

N° 241

174. — Ouvrage érotique en trois volumes. Cinquante-six pages d'illustration en noir, accompagnées de pages de texte, 0,21 × 0,15.

175. — Ouvrage érotique en deux volumes. Quarante pages d'illustration en noir, accompagnées de pages de texte. Larg. 0,18 1/2, haut. 0,12.

176. — Onze feuilles érotiques en couleurs. Larg. 0,27, haut 0,20.

[1] (1718-1770) Élève de Nichimoura Shighénaga. Universellement célèbre pour avoir, dès l'année 1764, rehaussé l'incomparable grâce de son dessin par l'introduction, dans la gravure, des harmonies de couleurs à gamme multiple.

177. — Sept feuilles érotiques en couleur. Larg. 0,27, haut. 0,20.

178. — Grande estampe, format étroit en hauteur. Impression de couleurs relevées de détails d'or. Jeune fille en promenade, suivie de sa servante qui ouvre un parapluie. Haut. 0,50; larg. 0,21. Panneau à passe-partout de brocart.

N° 279

179. — Diptyque, représentant un jeune seigneur se dirigeant vers une jeune femme qui l'attend devant une haie laquelle, baignée par un ruisseau, sert de fond à la composition.

180. — Grande estampe en largeur. Sur une terrasse dominant la rivière, une dame, un petit chat serré sur la poitrine, est debout entre deux femmes accroupies, dont l'une s'occupe à écrire.

181. — Estampe en largeur. Un jeune homme sur une terrasse au bord de la mer, se fait offrir une coupe de saké par une ghécha tandis qu'une autre lui joue du chamisén.

182. ——— Devant un paravent, sur de moelleux matelats roses, un jouvenceau est étendu aux côtés d'une joueuse de chamisén.

183. — Estampe en largeur. Trois enfants chinois jouant, dans un paysage.

184. — Deux estampes petit format. Vues de temples animées de foule.

185. — Estampe, format bossoyé. Impression à deux tons. Un guerrier des temps héroïques, à cheval. OEuvre de début de l'artiste.

186. ——— Un enfant est surpris par sa mère pendant que, dans un baquet, il efface l'écriture d'une feuille de papier. Allusion à l'histoire de la poétesse Kômatchi.

187. — Deux estampes, petit format, figurant, en miniature, des enceintes de temple animées de foule.

188. — Estampe, petit format. Jeune femme, pêchant au filet dans une eau fleurie d'iris. Fragment.

N° 239.

... impression de couleurs relevées de ... Jeune fille en promenade, ... sante qui ouvre un para... Haut. 0,30; larg. 0,21. Panneau ... brocart.

... paysage, représentant un ... dirigeant vers une ... l'attend devant une ... engée par un ruisseau, ... composition.

... estampe en largeur. ... dominant la rivière. ... petit chat serré sur la ... debout entre deux femmes ... dont l'une s'occupe à ...

... estampe en largeur. Un ... une terrasse au bord ... offrir une coupe de ... shôchû tandis qu'une ... shamisen.

... Devant un paravent, sur ... deux matelats roses, un jouven... tendu aux côtés d'une joueuse ... shamisen

... Estampe en largeur ... devant dans un paysage.

... Deux estampes ... scènes de foule.

... Estampe ... Un guerrier des temps héroï...

... que, dans un baquet, il efface ... la poétesse Komatchi.

... Deux estampes ... enceintes de temple ... de foule.

... Estampe ... filet dans une eau fleurie d'iris.

189. — Estampe petit format. Servante d'auberge, debout, une coupe à la main, devant l'entrée d'une tchaya (maison de thé).

190. — Estampe, petit format. Jeune femme, conduisant un bœuf chargé de deux hottes remplies de papiers d'écriture.

N° 282

191. — Estampe petit format. Sur la terrasse de son palais, une dame noble se tient debout, accompagnée d'une petite fille qui joue avec un chien.

192. — — Jeune dame s'essuyant les mains devant une citerne de temple en pierre, sous un bosquet de cryptomérias.

193. — Estampe bossoyé. Message d'amour. Une dame se penche sur les épaules d'une fillette pour lui glisser un pli cacheté, à porter. Derrière elle un grand écran décoré d'un oiseau de proie.

193 *bis*. — Estampe petit format. Même sujet que précédent numéro.

194. — Estampe hossoyé. Jeune fille devant sa maison, une lanterne à la main.

195. — Estampe petit format. Groupe de deux jeunes filles, se montrant, par un châssis ouvert, un vol d'oies dans le ciel.

196. —— Jeune mère, surveillant son enfant qui joue à terre.

197. —— Deux jeunes dames faisant flotter des coupes au fil d'un ruisseau.

198. —— Porteuse de fagot, accompagnée d'un enfant qui, d'une pierre, vise une cigale arrêtée sur un tronc d'arbre.

199. —— Lutte de deux enfants sous l'œil vigilant de la mère.

200. —— Jeune femme gravissant les larges marches d'un escalier de pierre qu'ombrage un pin élancé.

201. —— L'incognito trahi. Une jeune femme, debout sous sa véranda, voit se refléter dans l'eau d'une cuvette les traits d'un jeune komousso[1] jouant de la flûte, le visage caché sous son grand chapeau.

N° 283

202. — Estampe petit format. Jeune samouraï, rentrant son sabre dans la ceinture en prenant congé d'une jeune femme.

203. —— Jeune couple se disputant une lettre.

204. —— Un jeune samouraï, accompagné d'un palefrenier, tient son cheval par la bride sous un cerisier en fleur.

205. —— Lutte entre deux enfants; même composition que le numéro 199.

206. —— Jeunes seigneurs se faisant servir le thé par une jeune servante sur une terrasse dominant la rivière.

207. —— Femme et fillette regardant à travers des longues-vues installées devant une entrée de temple.

[1] Voir n° 76.

N° 240.

— ... ... bossu... ... ... avant sa tournée, une lanterne à la main.

... — Estampe petit ... ... de deux jeunes filles, se montrant ...
... ... un vol d'oiseaux ...

... — Jeune mère ... ... enfant qui joue à terre.

... — Deux jeunes ... ... au fil d'un ruisseau.

... — Porteuse de ... ... enfant qui, d'une pierre, vise ...
... ... au tronc d'arbre.

... — Lutte de deux ... ... de la mère.

390. — Jeune femme ... ... escalier de pierre qu'...
... tête ...

294. — L'incognito ... ... femme, debout sous sa véranda, va ...
... ... l'eau d'un ... ... d'un jeune komousso jouant à ...
... ... le visage caché sous son ... ...
chapeau.

N° 240.

202. — Estampe petit format. Jeune ...
raï, rentrant son sabre dans la ceinture ...
nant compte d'une jeune femme.

203. — Jeune couple se disputant ...
lettre.

204. — Un jeune samouraï, accompa...
d'un palefrenier, tient son cheval ...
bride sous un cerisier en fleur.

205. — Lutte entre deux ...
... composition que le numéro ...

206. — Jeunes seigneurs ... ...
... le thé par une jeune servante ...
... ... dominant la rivière.

207. — Femme et fillette regar...
... ... des longues vues installées devant ...
... ... de temple.

208. — Estampe petit format. Occupation de ménage. Une dame surveille les manipulations d'étoffes d'une servante.

209. ——— Musiciennes ambulantes. Deux jeunes femmes, jouant d'instruments à cordes sur un bord de route.

210. ——— Partie de pêche. Un jeune homme, les jambes dans l'eau, plonge son filet devant un garçonnet très attentif à la manœuvre.

211. ——— La halte. Une dame, dont la chaise au porteur est arrêtée sous un cerisier fleuri, se fait passer par sa servante une mèche pour allumer sa pipette.

212. ——— Billet doux. Une jeune fille, agenouillée devant un jouvenceau, lui présente un rouleau d'écriture.

N° 290

213. ——— Les feux flottants. Deux fillettes, installées sous un kiosque dans l'eau, ont allumé quatre petites baguettes d'artifice, alignées sur une planchette que le courant entraîne.

214. ——— Jardinage d'hiver. Une jeune femme se dispose à émonder les branches de trois arbres nains couverts de neige, placés devant sa maison sur une estrade.

215. ——— Jeune mère, dont le léger peignoir s'entre-bâille dans un mouvement vers son enfant qui s'amuse d'une fleur tombée sur le sol.

216. ——— Jeune femme en peignoir du matin, admirant, sur le seuil de sa maison, un pot de fleurs posé devant elle.

217. ——— La collation. Sous une entrée de temple, un jeune samouraï, en capeline noire, se fait apporter une tasse de thé par une jeune servante d'auberge.

218. ——— Matinée d'hiver. Dans une courette, toute couverte d'une neige profonde, une jeune femme visite trois arbrisseaux neigeux, disposés sur une table rustique.

219. — Estampe petit format. Tisseuse à son métier, sous lequel se blottit un petit gamin, à mine espiègle.

220. —— Deux jeunes filles sous les ramures d'un cerisier dont elles ramassent, avec des verges, les fleurs éparpillées sur le gazon vert.

221. —— Lavandière. Une jeune fille en robe rose à dessin de carreaux, piétine, sous un saule pleureur, l'étoffe dont les volutes se mêlent aux méandres d'un ruisseau.

222. —— Joueuse de kôto. La musicienne, assise devant son instrument, rajuste les onglets, tandis qu'une amie feuillette un album.
  Sign. *Kiôcén*.

223. —— Le message. Fillette remettant un pli fermé à sa maîtresse qui sort de son appartement en soulevant une draperie.

224. —— Promenade printannière. Deux jeunes femmes à coiffes blanches, sur un tertre bordé de cerisiers en fleurs.

225. —— Matinée d'hiver. Une jeune femme, coiffée d'un large chapeau et vêtue d'un manteau de paille, dégage, à coups de bêche, une pousse de bambou venue sous la neige profonde.

226. —— La rivière Tamagawa. Une lavandière déroule dans un ruisseau les sinuosités d'une longue ceinture en se retournant vers son petit garçon qui marche dans l'eau avec, aux mains, un filet de pêche et un seau.

227. —— Le petit daïmio. Sous l'œil vigilant de sa mère, un petit garçon s'avance fièrement, un cheval de bois entre les jambes, précédé par un camarade muni d'un long balai dressé à la manière des hampes d'honneur dans les escortes seigneuriales.

228. —— Apprêts de chasse. Deux jeunes femmes essuyant la corde d'un arc maintenu par le jeune seigneur, une pointe à terre.

229. —— Le gué. Paysanne conduisant à travers la rivière le cheval monté par un jeune seigneur.

230. —— Le duo. Un jeune homme, assis au seuil d'une maison, accompagne de la flûte une joueuse de kôto assise à l'intérieur.

231. —— Sur la plage. Une fillette, les pieds dans l'eau, interpelle sa compagne pour lui montrer un crabe agrippé au bout flottant de sa robe.

232. —— Cueillette de fleurs. Sur les bords d'un champ de riz inondé,

N° 242.

217 — Estampe petit format. ... ... métier, sous lequel se blottit un petit gamin, ... espiègle.

218 — Deux jeunes filles ... ... branches d'un cerisier dont elles ramassent, avec ... ... les fleurs éparses ... ... vert.

219 — Lavandière. ... petite ... en robe rose à dessin de carreaux, piétine, ... sous le pleureur, ... les volutes se ... dent aux méandres d'un ruisseau.

220 — Joueuse de ... ... musicienne, assise devant son instrument, rajuste les ... ... touches qu'une ... ... bambine au album.

Signé *Kiosa*

222 — Le message. Fillette remettant un ... lotus à sa maîtresse qui sort de son ... ... en soulevant une draperie.

223 — Promenade près ... ... Deux jeunes ... ... mes à coiffes blanches, sur un tertre ... ... de rochers en fleurs.

224 — Matin ... ... femmes, coiffée d'un large chapeau et vêtue d'un ... ... le petit-déjeuner. ... ... cherche, une pousse de bambou venue sous la neige ...

226 — Le pilote ... ... va en bête déroule dans un ruisseau les sinuosités ... ... petit garçon qui marche dans l'eau avec ... ...

227 — Le petit ... ... ses ... un petit garçon s'avance fière-ment ... ... un camarade muni d'un long balai ... ... tes seigneuriales.

228 — ... ... essayant la corde d'un arc maintenu ...

... — ... ... rrière le cheval monté par un jeune ...

... — ... ... d'une maison, accompagné de la ...

... — ... ... interpelle sa compagne pour ...

... — ... ... d'un champ de riz inondé,

une fillette et un enfant cueillent des fleurettes que la jeune mère emporte dans les plis de sa robe.

233. — Estampe petit format. Divertissement hivernal. Autour du brasero couvert d'étoffe, deux jeunes filles et un jeune homme s'absorbent dans le jeu du *chingorokou* ; par un châssis ouvert se découvre la campagne couverte de neige.

234. ——— Le passant. Un jeune homme, tenant à la main son grand chapeau de *komousso*, s'apprête à donner, de sa flûte, une aubade à deux jeunes femmes qui regardent par les barreaux d'une fenêtre.

235. ——— Promenade hivernale. Au bord d'une rivière une jeune dame fait gratter par sa suivante la neige incrustée entre les patins de ses sandales, pendant que les gros flocons continuent de joncher le sol.

236. ——— Jeune femme debout sur une terrasse dominant un étang fleuri de lotus.

237. ——— Jeune couple, chassant les lucioles, la nuit, au bord d'une rivière ; lui, captant les insectes dans son filet au long manche, elle, portant la petite cage pour les emprisonner.

N° 292

238. ——— Sortie matinale, l'hiver. Une jeune femme, dans un costume dont le blanc s'accorde avec toute l'ambiance neigeuse, quitte, un parapluie sur l'épaule, la porte d'un jardin entouré d'une haie rouge.

239. ——— Une servante d'auberge, un plat de confiserie à la main, se retourne, sous l'envol de ses jupes légères, dans une courbure du corps pleine de grâce.

240. ——— Impression en trois tons. Jeune poétesse. Elle se tient accroupie, traçant une première lettre sur un cahier appuyé sur ses genoux. Devant elle, à terre, la boîte à écrire sur des bandelettes de papier, et une feuille de chrysanthème.

241. — Estampe, petit format en largeur. Jeune couple dans une embrasure de fenêtre grillagée de barreaux.

242. — Estampe en largeur. Impression en deux tons. Musicienne céleste, chevauchant un oiseau de Hô ; elle tient entre ses mains l'instrument à tuyaux d'orgue, appelé *chô*.

Époque de Harunobou.

243. — Estampe, petit format. Figure, à mi-corps, d'un renard travesti en prêtre.

Fragment du n° 297.

244. — Estampe petit format. Le portrait de Ritsuô. L'artiste est représenté en son costume de prêtre, assis sous de larges feuilles de palmier.

245. — Estampe de format moyen en hauteur. Perroquet sur perchoir. Haut 0,27 × 0,20.

246. — Estampe, format hossoyé. Impression à deux tons. Jeune couple cheminant sous un parapluie maintenu d'une main par chacun des jeunes gens.

247. — Trois estampes en hauteur. Impression de couleurs rehaussées d'or. Arrangements de branches fleuries en des vases.

247 *bis*. — Double planche en hauteur, figurant une dame de la noblesse présentée, de face et de dos, avec le détail expliqué de chaque partie de ses vêtements et des accessoires de toilette.

Koriusaï [1].

248. — Estampe de très haut format étroit. Deux jeunes femmes cheminant sous un parapluie qu'elles tiennent chacune d'une main. Haut. 0,71 ; larg. 0,24.

N° 303

249. — Estampe en format kakémono. Couple de faisans dorés, perchés sur une branche de pin qui surplombe une cascade.

250. ——— Un amant parle à sa maîtresse qui, au-dessus de lui, est assise sur un balcon, tandis qu'un troisième personnage, couché à plat ventre sous le plancher, lit en cachette un rouleau qui s'échappe de la ceinture du jeune homme.

251. ——— Deux guerriers à cheval, traversant les flots.

[1] Élève de Nichimoura Shighénaga, comme Harunobou, dont il devint l'émule par la note fine et élégante de ses estampes, tandis qu'une autre partie de son œuvre manifeste de surprenantes qualités de puissance et de largeur d'exécution.

252. — Estampe kakémono. Oïran, accompagnée d'une fillette, passant auprès d'une lanterne accrochée à une potence.

253. — Trois estampes, format kakémono. Couples d'amoureux.

254. — Estampe en hauteur. Impression en noir. Un grand tigre accroupi sur un tertre, l'air menaçant, une de ses énormes pattes levées.
Sign. *Koriuçaï*, d'après Mokké [1].

255. — Douze estampes en hauteur. Oïrans en promenade.

256. — Estampe en hauteur. Oïran avec ses fillettes sous une averse, à l'abri d'un grand parapluie porté par un serviteur.

257. —— Oïran se promenant avec ses deux fillettes.

258. —— Oïran au milieu de deux fillettes et de deux femmes.

259. —— Dame peignant des caractères sur un paravent.

260. —— Jeune femme écrivant des poésies.

261. —— Oïran assise sous un auvent entre ses deux fillettes.

262. — Estampe petit format. Poétesse accoudée à une table à côté d'une fillette agenouillée.

263. —— Une jeune fille traverse la campagne, suivie d'un garçonnet portant sa malle.

264. —— Une dame, rentrant chez elle, une lanterne à la main, est interpellée par un jeune cavalier qui passe derrière la haie du jardin.

265. —— Couple d'amoureux en villégiature. Le jeune homme coupe pour son amante des branches d'érable.

266. —— Soins maternels. Sous une véranda, une mère serre contre elle son petit enfant qui tend ses bras vers une fillette.

267. —— Scène d'intérieur. Jeune dame accroupie; une autre debout.

268. —— Villégiature amoureuse. Un jeune couple, la main dans la main, suit les bords

---
[1] En chinois *Moukhi*, célèbre peintre de la Chine du XIe siècle.

N° 260.

252. — Estampe kakémono. Oiran accompagnée d'une fillette, passant auprès d'une lanterne suspendue à une potence.

253. — Trois estampes, format kakémono. Couples d'amoureux.

254. — Estampe en hauteur. Impression en noir. Un grand tigre accroupi sur un tertre, l'air menaçant, une de ses énormes pattes levées.

Sign. Koriusaï, d'après Moki...

255. — Douze estampes en hauteur. Oirans en promenade.

256. — Estampe en hauteur. Oiran avec ses fillettes sous une averse, à l'abri d'un grand parapluie porté par un serviteur.

257. — — Oiran se promenant avec ses deux fillettes.

258. — — Oiran au milieu de deux fillettes et de deux femmes.

259. — — Dame peignant des caractères sur un paravent.

260. — — Jeune femme écrivant des poésies.

261. — — Oiran assise sous un auvent entre ses deux fillettes.

262. — Estampe petit format. Poétesse accoudée à une table à côté d'une fillette agenouillée.

263. — — Une jeune fille traverse la campagne, suivie d'un garçonnet portant sa malle.

264. — — Une dame, tendant chez elle, une lanterne à la main, est interpellée par un jeune cavalier qui passe derrière le mur du jardin.

265. — — Couple d'amoureux en villégiature. Le jeune homme coupe pour son amante des branches d'érable.

266. — — Sous ... sous une véranda, une mère serre contre elle son petit enfant qui tend ses bras ...

267. — Scène d'... une accroupie; une autre debout.

268. — Villégiature ... un couple, la main dans la main, suit les bords ...

d'une rizière, pendant que, derrière eux, une femme porte dans un panier les herbes qu'ils viennent de cueillir.

269. — Estampe en hauteur. Deux jeunes pèlerines passent devant une maison d'où un jeune homme les contemple.

270. —— Partie de pêche. Au fond d'une baie, dans une barque, deux femmes et un homme jettent la ligne. Plus loin un pêcheur se tient dans une autre barque.

271. —— Cueillette de fleurs. Au bord d'un ruisseau, une jeune fille présente à sa compagne une touffe fleurie qu'elle vient d'arracher du sol.

272. —— Promenade d'Oïran entre ses deux fillettes, avec un porteur de parapluie à sa suite.

273. —— Prince suivi de trois seigneurs, portant chacun un coq de combat.

274. —— Deux jeunes femmes et un enfant, admirant des feuilles de plantes.

275. —— Quatre feuilles de scènes populaires :
    a. Cuisine ambulante, par un temps de pluie.
    b. Boutique d'un marchand de poisson, qui allume la lanterne de sa boutique.
    c. Maison de thé ; un marchand de fleurs ambulant s'assied entre deux jeunes gens du monde.
    d. Tir à l'arc.

276. —— Deux feuilles :
    a. Jeune écrivain parlant à une passante.
    b. Maîtresse de maison se faisant remettre une lettre par sa servante.

277. —— Deux feuilles :
    a. Paysanne avec un bœuf chargé de fagots, devant une cascade dans laquelle un jeune homme trempe ses mains.
    b. Enfant jouant de la flûte.

N° 304

278. — Estampe petit format. Après le bain ; jeune femme se coupant les ongles.

279. ———— Promenade dans les champs. Dame, fillette et jeune homme.

280. ———— Courtisane entre ses deux fillettes, suivies d'un serviteur.

281. ———— Tir à l'arc.

282. ———— La toilette. Une jeune femme, le buste nu, est assise devant son miroir, enroulant son chignon.

283. ———— Jeu du cerf-volant auquel s'amusent un garçonnet et un petit enfant porté par sa mère.

284. ———— Jeune couple, se promenant dans la neige sous un parapluie, la jeune femme nouant sa ceinture.

285. ———— Quatre feuilles :
   a. Le duo.
   b. Fumeur et liseur.
   c. Jeune femme contemplant un kakémono.
   d. Jeune fille se faisant raser la nuque.

286. ———— Quatre feuilles :
   a. Souper sur la terrasse.
   b. Acteur au parapluie et porteur de seaux.
   c. Joueuse de koto et liseur.
   d. Promenade champêtre par la pluie.

287. ———— Deux feuilles :
   a. Joueuses de chamicén.
   b. Combat de guerriers.
   c. Lecture devant une haute lanterne.
   d. Jeune fille suivie par un porteur.

288. ———— Couple de faisans sur tronc de pin.

289. ———— Coq et poule sous un cerisier.

290. ———— Paon poursuivant un insecte.

291. ———— Faisan sur branche de pin neigeuse.

N° 284.

278. — Estampe [...] jeune femme se coupant les ongles.

279. — Promenade [...] Dame, fillette et jeune homme.

280. — Courtisane(s) [...] suivies d'un serviteur.

281. — Tir à [...]

282. — La toilette [...] le buste nu, est assise devant son miroir, enroulant son chignon.

283. — Jeu de [...] un garçonnet et un petit enfant porté par sa mère.

284. — [...] dans la neige sous un parapluie, la jeune femme nouant sa ceinture.

285. — Quatre feuilles
 a. [...]
 b. Femme [...]
 c. Jeune femme [...] un kakémono.
 d. Jeune fille se faisant raser la nuque.

286. — Quatre feuilles
 a. Souper sur la terrasse.
 b. Acteur [...] et porteur de seaux.
 c. Joueuses de [...]
 d. Promeneuses [...] surprises par la pluie.

287. — [...]
 a. Joueurs [...]
 b. Conduite [...]
 c. Lecture [...]
 d. Jeune [...]

288. — [...]

289. — [...]

290. — [...]

291. — [...]

292. — Estampe petit format. Deux canards nageant dans une rivière aux bords neigeux.

293. ——— Deux cigognes auprès d'un prunier noueux.

294. ——— Canards mandarins nageant sous les roseaux, par la neige.

295. ——— Oiseau à longue queue sur un tertre fleuri, regardant son camarade qui plane au-dessus d'une rivière.

296. ——— Faucon sur perchoir.

297. ——— Nichée de jeunes chiens sous une cabane fleurie de narcisses.

298. ——— Chien blanc jouant avec deux petits chiens noir et rouge.

299. ——— Canards nageant près d'une rive garnie d'un arbuste fleuri et de roseaux.

300. ——— Canards mandarins; le mâle debout sur une roche surmontée d'une branche fleurie; la femelle nageant vers lui.

301. ——— Couple de canards mandarins sur une rive couverte de neige.

N° 315

302. ——— Deux oiseaux sur la branche d'un grenadier garni de fruits.

303. ——— Oiseau de Hô planant au-dessus d'un paulownia.

304. ——— Perroquet sur la branche fleurie d'un cerisier.

305. ——— Corbeau et héron blanc sur une branche fleurissant sous la neige.

306. ——— Combat de coqs; l'un, modelé en gaufrages blancs, s'enlève de terre, les longues plumes de sa queue empanachée balayant le sol.

307. ——— Enfant nu dans un baquet, saisissant entre ses bras un poisson aussi gros que lui-même.

N° 357

308. — Six estampes érotiques en couleur. Larg. 0,37; haut. 0,26.

309. — Six estampes érotiques. Long. 0,37; haut. 0,26.

310. — Six estampes érotiques diverses.

Korriusaï, Massanobou et autres.

311. — Sept estampes érotiques, en couleur. Larg. 0,37; haut. 0,36.

Ippitsusaï Bountcho[1].

312. — Estampe petit format. Deux jeunes femmes, penchées sur une rampe d'escalier.

313. —––– Jeune homme arrangeant un vase de fleurs auprès d'une dame qui déplie un portefeuille.

314. — Estampe format hossoyé. Groupe d'acteurs : Personnage tendant une coupe à saké à une femme qui porte un petit enfant.

315. —––– Femme balayant la neige devant sa maison.

316. —––– Acteur, une hache sur l'épaule.

---

[1] Mort en 1796. Élève d'Ichikawa Koyén. Collabora, en dehors de ses séries de gravures (pour la plupart feuilles d'acteurs) à certaines œuvres de Shunsho.

N° 305.

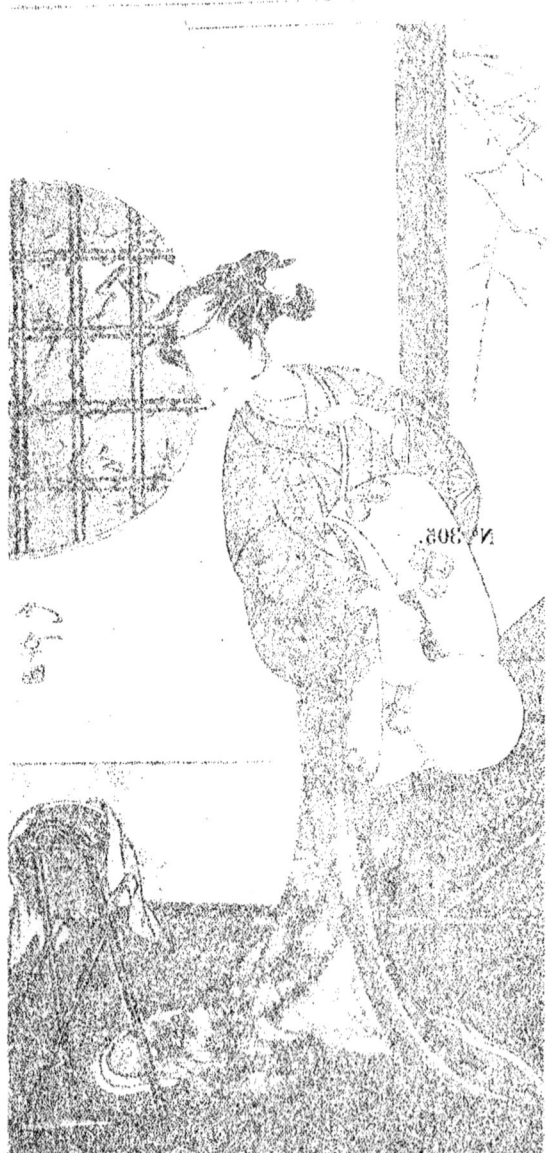

308. — Six estampes érotiques en couleur. Larg. 0,37; haut 0,26.

309. — Six estampes érotiques. Long. 0,37; haut. 0,26.

310. — Six estampes érotiques diverses.

Korriusaï, Massanobou et autres.

311. — Sept estampes érotiques en couleur. Larg. 0,37; haut 0,26.

Ippitsusaï Bountcho[1].

312. — Estampe petit format. Deux jeunes femmes, penchées sur une rampe d'escalier.

313. — — Jeune homme arrangeant un vase de fleurs auprès d'une dame qui déplie un portefeuille.

314. — Estampe format hosoyé. Groupe d'acteurs : Personnage tendant une coupe à saké à une femme qui porte un petit enfant.

315. — — Femme balayant la neige devant sa maison.

316. — — Acteur, une hache sur l'épaule.

[1] Mort en 1796. Élève d'Ichikawa Yosen ou Shichoza, en dehors de ses séries de portraits pour la plupart feuilles d'acteurs, certaines œuvres de Shunsho.

317. — Estampe petit format. Acteur, debout auprès d'une hotte.

318. ———— Jeune fille faisant bouillir le saké, à côté d'un garçonnet qui déploie un rouleau.

319. ———— Jeune samouraï portant un tambourin.

320. ———— Servante d'auberge, à l'entrée d'une tchaya (maison de thé).

321. ———— Une dame, debout sur une plage, un panier de coquillages à ses pieds.

322. ———— Servante d'auberge, portant une bouilloire à saké.

323. ———— Jeune femme en costume de danseuse, devant une cloche de temple.

324. ———— Acteur en samouraï, serrant entre ses mains un éventail fermé.

325. — Quatre estampes, format hossoyé, offrant chacune un groupe de deux acteurs.

326. — Deux estampes, format hossoyé, chacune d'un groupe de deux acteurs.

326 bis. — Deux estampes, format hossoyé, chacune d'une figure d'acteurs, en femmes.

N° 337 bis.

N° 364

327. — Quatre estampes, format hossoyé, chacune d'une figure d'acteur.

328. — Quatre estampes, chacune d'une figure d'acteur.

329. — Quatre estampes, chacune d'un groupe de deux acteurs.

Katsukawa Shunsho[1].

330. — Deux estampes, petit format, représentant des scènes tirées du roman *Icé Monogatari*.
    a. L'enlèvement.
    b. La surprise.

331. — Deux estampes, petit format, de la même série.
    a. Visite aux iris.
    b. Figure de princesse.

332. — Trois estampes, petit format ; même série.
    a. Four à sel.
    b. Jeune fille auprès d'un torrent.
    c. Poète au bord de la rivière.

---

[1] 1726-1790. Élève de Myagawa Shunsui. Accompagne généralement sa signature d'un cachet en forme d'une jarre où se lit le caractère *Hayashi*, nom d'une famille qui l'avait hébergé un temps.

333. — Six estampes, petit format ; sujets divers de la même série.

334. — Grand sourimono en largeur, représentant un pile d'étoffes.

335. — Estampe en hauteur ; guerrier sur cheval noir, au bord de la mer.

336. ———— Jeune guerrier sur cheval noir, sous un pin.

337. — Deux estampes en hauteur, représentant des guerriers à cheval.

338. — Estampe en hauteur. A l'intérieur d'un palais, un jeune seigneur entouré de trois dames.

339. ———— Deux acteurs, l'un fumant, l'autre sous les traits d'une danseuse.

340. ———— Lutteur en promenade, suivi d'un valet.

341. — Deux estampes en hauteur, chacune de deux lutteurs.

342. — Trois estampes en hauteur. Sujets variés à personnages.

343. — Estampe petit format. Jeune fille écrivant une lettre et regardant, par une fenêtre ouverte, la neige tomber sur un arbre nain.

344. ———— Groupe de deux jeunes femmes sous une véranda.

345. ———— Jeune femme montée sur un cheval conduit par un jeune homme.

N° 308

346. ———— Scène de théâtre ; personnage brandissant une hache sur la tête d'une vieille qui tient un rouleau.

347. — Trois estampes petit format. Scènes guerrières.

348. — Estampe petit format. Sur fond noir, une lutte entre deux guerriers à la lueur d'une torche.

349. — Estampe, format hossoyé. Une dame, appuyée sur le châssis de sa fenêtre, contemple du haut de son appartement un *rônin* qui passe dans la rue.

350. — Deux estampes, format hossoyé. Deux acteurs, homme et femme, par la neige, sous un parapluie. — Deux acteurs dans une scène de lutte sous la neige.

351. — Deux estampes, formant ensemble un groupe de deux lutteurs, se disposant à la lutte dans une arène.

352. — Estampe format hossoyé. Feuille d'acteur. Femme en robe rayée avec jupe noire, tirant le sabre.

353. —— Samouraï vêtu d'une jupe verte, rengainant son sabre. Fond de paysage d'hiver.

354. —— Jeune homme, portant la main à son large chapeau vert.

355. —— Personnage en robe noire, sous un parapluie.

356. —— Samouraï figuré en clair sur fond noir, un rouleau entre les dents.

357. —— Jeune femme debout, un écran à la main, se regardant dans son miroir.

357 *bis*. —— Jeune femme en costume de prêtre avec capuchon à couleurs tendres. Elle se tient debout devant une clôture de jardin en mordillant le bout d'un rosaire.

358. —— Feuille d'acteur : Jeune femme en komousso.

359. —— Un seigneur, une courte lame de sabre en main.

360. —— Jeune femme, tenant un rouleau.

361. —— Jeune femme, portant un seau sous le bras.

362. —— Jeune femme en costume d'hiver, robe noire et capuchon lilas.

363. —— Jeune femme accroupie, un miroir à la main.

364. —— Aveugle dansant.

N° 306.

347. — Trois estampes p[...] [...]

348. — Estampe petit [...] lutte entre deux guerriers à la lueur d'une torche.

349. — Estampe, [...] appuyée sur le châssis de sa fenêtre, contemple du haut de son [...] passe dans la rue.

350. — Deux estampes [...] Deux [...], homme et femme, par la neige, sous un parapluie. — [...] lutte [...] la neige.

351. — Deux estampes [...] groupe de deux lutteurs, se disposant à la lutte dans une arène.

352. — Estampe [...] Femme en robe rayée avec jupe noire, tirant le sabre.

353. — [...] Samouraï vêtu d'une jupe verte, rengainant son sabre. Fond de paysage d'hiver.

N° 300.

354. — [...] Jeune femme, portant la main à son large chapeau vert.

355. — [...] Personnage en robe noire, sous un parapluie.

356. — [...] Samouraï [...] fond noir, un rouleau entre les dents.

357. — [...] Jeune femme [...] à la main, se regardant dans son miroir.

357 bis. — [...] Jeune femme [...] robe de prêtre avec capuchon à couleurs tendres. Elle se tient debout devant [...] de jardin en mordillant le bout d'un rosaire.

358. — [...] femme en kimono [...]

359. — [...] coup de sabre [...]

360. — Jeune [...] couleurs.

361. — Jeune [...] sous le [...]

362. — Jeune femme [...] robe noire et capuchon lilas.

363. — Jeune fille [...] à la main.

364. — Aveugle [...]

365. — Estampe hossoyé. Prêtre assis, tenant un chapelet.

366. — Deux estampes hossoyé. Impression, rouge : Chevaux. — Lapins.

N° 386

367. — Estampe hossoyé. Jeune femme sur un cheval conduit par la bride par un homme qui fume.

368. — — — Jeune femme debout, sa pipe d'une main ; l'attirail de fumeur dans l'autre.

368 *bis*. — — — Samouraï tenant un poignard à la main.

369. — Trois estampes format hossoyé : Personnage en haillons. — Puiseuse d'eau salée. — Acteur tenant son sabre d'une main et un débris de palissade de l'autre.

370. — Deux estampes hossoyé : Femme en robe noire, dans la neige, un parapluie sur l'épaule. — Jeune femme, une pancarte à la main, devant un bosquet de bambous.

371. ——— Femme en robe noire avec capuchon, dans la neige, sous un parapluie. — L'acteur Danjuro grimé, en grand manteau rouge orné des *mons* à la langouste.

N° 387

372. — Deux estampes hossoyé : Jeune femme en robe claire à décor de cigognes, retournant la tête. — Samouraï soulevant une armure ; harmonie verte et noire.

373. — Six estampes, format hossoyé : Feuilles d'acteurs.

374. ——— Feuilles d'acteurs.

375. ——— Feuilles d'acteurs.

376. ——— Feuilles d'acteurs.

377. — Cinq estampes, format hossoyé : Feuilles d'acteurs.

378. — Six estampes, format hossoyé : Feuilles d'acteurs.

379. ——— Feuilles d'acteurs.

380. — Cinq estampes, format hossoyé : Feuilles d'acteurs.

381. ——— Feuilles d'acteurs.

382. ——— Feuilles d'acteurs.

383. — Six estampes, format hossoyé : Feuilles d'acteurs.

384. — Un panneau encadré, comprenant deux feuilles d'acteur petit for-

N° 307.

... Personnage en haillons. — Puiseuse d'eau salée,
... son sabre ... un débris de palissade de l'autre.

... Femme en robe noire, dans la neige, un parapluie sur
... Jeune femme, une ... à la main, devant un bosquet de bambous.

... — Femme en robe ... avec capuchon, dans la neige, sous un parapluie.
... Bonjour grimé, en ... habit ... rouge orné des *mons* à la langouste.

N° 307.

372. — Deux estampes bossoyé ... Jeune femme en robe claire, à décor ... cigognes, retournant la tête. — Samoura... soulevant une armure ; harmonie v... et noire.

373. — Six estampes, format ... soyé : Feuilles d'acteurs.

374. — ——— Feuilles d'acteurs.

375. — ——— Feuilles d'acteurs.

376. — ——— Feuilles d'acteurs.

377. — Cinq estampes, format bo... soyé : Feuilles d'acteurs.

378. — Six estampes, format bo... soyé : Feuilles d'acteurs.

379. — ——— Feuilles d'acteurs.

380. — Cinq estampes, format bossoyé : Feuilles d'acteurs.

381. — ——— Feuilles d'acteurs.

382. — ——— Feuilles d'acteurs.

383. — Six estampes, format bossoyé : Feuilles d'acteurs.

384. — Un panneau encadré, comprenant deux feuilles d'acteur petit for...

mat carré : Groupe de deux personnages, l'un saisissant le pied de l'autre. — Un personnage figurant le héros Benkei.

385. — *Yak'cha natsu no Fouji*. — Le Fouji d'été des acteurs. Trente-six pages d'illustration. La vie des acteurs.
Yedo. 1 vol. 0,21×0,15.

Page tirée du n° 387.

386. — *Yak'cha kouni-no-hana*. — Les acteurs, fleur du pays. Quatorze pages d'illustration en couleurs. Scènes de théâtre.
1 vol. 0,21 × 0,15.

387. — *Nichiki hiakouninn ischû*. — Cent poètes et leurs poésies, peints en couleur. Cent six pages d'illustration. Portraits surmontés de texte.
1775, Yédo. 1 vol. 0,30 × 0,20.

388. — *Sanjurok' kacén.* — Trente-six poètes. Trente-cinq pages d'illustration en couleurs. Portraits de poètes accompagnés, chacun, d'une de ses poésies (1 feuille manquant).
1775, Yédo. 1 vol. 0,30 × 0,20.

Shunsho et Bountcho.

389. — *Yehon boutaï ogni.* — Acteurs sur éventails. Cent huit pages d'illustration en couleurs. Portraits d'acteurs, figurés en cartouches formant éventails.
1770, Yédo. 3 vol. 0,28 × 0,18.

Shunsho et Shighémassa.

390. — *Seirô bijinn 'awacé sugata kagami.* — Miroir de la réunion de jolies femmes des maisons vertes. Quatre-vingt-treize pages d'illustration, imprimées en couleur. Groupes de femmes au Yochiwara.
3 vol. 0,27 × 0,18.

Katsukawa Shunyei [1].

391. — *Kouaïdan hiak'ki dzuyé.* — Apparitions des cent monstres. Collaboration de *Shunsho*. Quarante-cinq pages d'illustration. Contes fantomatiques.
Yédo. 3 vol. 0,22 × 0,16.

392. — Dix estampes, format d'écran, représentant des scènes populaires et humoristiques ;
   a. Chasse aux mouches ;
   b. Achat de poissons ;
   c. Bataille de femmes ;
   d. Trois feuilles : Marchandage de poissons. — Rencontre. — Lutte amicale ;
   e. Jeunes et vieux ;
   f. Trois feuilles : Personnages sacrés et profanes.

393. — Grand sourimono étroit en largeur. Enfant jouant avec une tête de cheval de bois, devant une grande branche fleurie de cerisier.

394. — Format en hauteur. Portrait d'un lutteur, représenté de profil, avant l'attaque.

395. — Deux estampes en hauteur, représentant chacune un lutteur qui mesure l'adversaire du regard.

[1] (1762-1819) Élève de Shunsho, manifestant en certaines œuvres un tempérament très personnel.

Pages tirées du n° 391

Shunsho et Bountcho.

Yëhon houtaï ôgui. — Acteurs sur éventails. Cent huit pages d'illustration en cou[leur]. Portraits d'acteurs, figures sur retouches formant éventails.

1770, Yédo, 3 vol. 0,28 × 0,18.

Shunsho et Shighémassa.

390. — *Seiró bijinn awasé sugata kagami.* — Miroir de la réunion de jolies femmes des maisons vertes. Quatre-vingt-treize pages d'illustration, imprimées en couleur. Groupes de femmes au Yoshiwara.

3 vol. 0,27 × 0,18.

Katsukawa Shunyei.

391. — *Kwaidan hiak'ki dzuyé.* — Apparitions des cent monstres. Collaboration de Sékiyen. Quarante-cinq pages d'illustration. Contes fantomatiques.

Yédo, 3 vol. 0,22 × 0,16.

392. — Dix estampes, format d'écran, représentant des scènes populaires et humoristiques :

Chasse aux mouches ;
Achat de poissons ;
Bataille de femmes ;
Deux feuilles : Marchand ambulant de poissons. — Rencontre. — Lutte amicale ;
Jeunes et vieux ;
Trois feuilles : Personnages en marche et groupes.

393. — Grand sourimono [...] personnage passant avec une tête de cheval de bois. Grande branche fleurie [...]

394. — Format en hauteur. Passage d'un acteur représenté de profil, avant l'attaque.

395. — Deux estampes en hauteur [...] un lutteur qui mesure l'adversaire [...]

[...] 1819. Élève de Shunsho, montre [...] tempérament très personnel.

396. — Trois estampes en hauteur, portant chacune une figure de lutteur.

397. — Trois estampes en hauteur. Groupes de lutteurs.

398. — Deux estampes en hauteur. Acteurs en pied, l'un se croisant les bras, l'autre, en vêtement noir, tirant le sabre.

Page tirée du n° 388.

399. — Trois estampes, format hossoyé, portant chacune une feuille d'acteur.

400. — Estampe hossoyé. Jeune homme en robe verte, debout au bord d'une plage.

401. —— Jeune femme en robe claire entourée d'une ceinture lilas, auprès d'un ruisseau bordé de bambous.

402. — Trois estampes en hauteur : Sujets guerriers.

403. — Estampe en hauteur. Buste d'acteur au nez aquilin, présenté de trois quarts, un foulard blanc pour coiffure. Impression sur fond micacé.

404 — Trois estampes, format hossoyé : Feuilles d'acteurs.

405. ——— Feuilles d'acteurs.

406. ——— Feuilles d'acteurs.

Katsukawa Shunko [1].

407. — Estampe en hauteur : Deux lutteurs s'empoignant pour la lutte.

408. ——— Deux lutteurs dans l'arène ; l'un debout, l'autre accroupi derrière lui, tenant un sabre.

409. ——— Groupe de deux lutteurs avec le juge de camp derrière eux.

410. ——— Grand buste d'acteur grimé. Coiffure à longue mèche tombante.

411. ——— Grand buste d'acteur, la main appuyée sur l'éventail.

412. ——— Grand buste d'acteur, aux longs cheveux retombant sur la poitrine.

413. ——— Groupe d'acteurs sous les traits des six poètes.

414. ——— Scène de théâtre : seigneur et porteuse de fagots.

415. ——— Scène de théâtre : Hania et l'adolescent.

416. — Estampe format hossoyé : Acteur se faisant coiffer dans sa loge.

417. ——— Lutteur dans l'arène.

418. ——— Danseuse rythmant un pas hiératique.

419. ——— Acteur dans un rôle de femme vêtue de noir, et tenant en main une coiffure de noble.

[1] Mort en 1827. Fut, comme Shunyei, élève et continuateur de Shunsho.

Pages tirées du n° 390.

420. — Deux estampes format hossoyé. Feuilles d'acteurs : Porteur de hotte, en robe noire. — Jeune femme au bord d'un ruisseau.

421. ——— Feuilles d'acteurs : Samouraï en robe noire. — Samouraï portant une gourde attachée à une branche d'érable.

422. ——— Feuilles d'acteurs : Deux personnages coiffés de grands chapeaux, devant une haie neigeuse.

423. — Trois estampes format hossoyé. Feuilles d'acteurs, sujets variés.

424. — Quatre estampes format hossoyé. Feuilles d'acteurs, sujets de femmes.

425. — Deux estampes format hossoyé, dont l'ensemble forme une scène de deux femmes devant une palissade.

426. — Dix estampes format hossoyé. Feuilles d'acteurs, sujets variés.

427. ——— Feuilles d'acteurs, sujets variés.

428. — Cinq estampes format hossoyé, formant un ensemble de cinq acteurs en manteau rouge, alignés sur une terrasse.

Katsukawa Shunsèn [1].

428 bis. — Estampe hossoyé. Acteur costumé en héros des temps antiques.

Katsukawa Shunjo [1].

429. — Estampe hossoyé. Jeune femme debout, en costume négligé vert et rose pâle.

429 bis. — Quatre estampes hossoyé. Feuilles d'acteurs variées.

École de Katsukawa.

430. — Huit estampes format hossoyé.

431. — Huit estampes, format hossoyé. Feuilles d'acteurs diverses.

Kiyonaga [2].

432. — Estampe format kakémono. Jeune femme portée à dos d'homme à travers un gué.

433. —— Jeune femme suivie d'un gamin, dans la campagne.

434. — Triptyque. Familles en promenade dans la campagne verte sous les cerisiers en fleurs.

435. — Diptyque. Réunion de dames devant une villa, au milieu d'un parc au bord d'un étang.

436. — Triptyque. Repos dans la campagne, sous les cerisiers en fleurs. Quelques dames ont pris place sur un banc ; d'autres cueillent des fleurettes sauvages dans le gazon vert.

437. —— Débarquement. La grande proue noire d'un bateau aborde au débarcadère, d'où une jeune femme fait signe de son éventail aux arrivantes ; l'une d'elles se fait porter sur le dos d'un jeune passeur, jusqu'au bas des marches de pierre.

[1] Élèves de Shunsho.
[2] (1742-1815) Élève de Toriï Kiyomitsu, mais fondateur d'un style nouveau, très différent des premiers Toriï et dont la magistrale ampleur place Kiyonaga au premier rang parmi les artistes de son temps.

Page tirée du nº 390.

438. — Estampe en hauteur. Deux jeunes femmes cheminant sous une ombrelle, suivies d'une servante.

439. — Estampe en hauteur. Courtisane entre deux fillettes, en promenade sous les cerisiers.

440. —— Même composition; autre épreuve.

441. —— Deux jeunes filles abritées sous une ombrelle, sont précédées par une jeune femme en manteau rose et coiffée d'un large chapeau, un éventail ouvert à la main.

442. —— Buveur de saké, devisant avec deux femmes accroupies devant un paravent, une autre femme se tenant debout derrière lui.

443. —— Trois jeunes filles se promenant sous les cerisiers.

444. —— Courtisane entourée de deux fillettes et de deux de ses femmes.

445. —— Jeune dame fumant sa pipette sous un auvent de tchaya, en compagnie de deux autres femmes debout.

466. —— Courtisane entre deux fillettes, suivie d'un porteur d'ombrelle et d'une femme.

447. —— Groupe de trois femmes dans la rue. L'une d'elles se retourne, la tête de profil, vers une amie qui, marche en sens inverse, précédée par une servante munie d'une lanterne ronde au bout d'un bâton.

N° 400

448. —— Partie d'un triptyque. Dames dans un jardin avec étang.

N° 437.

449. — Estampe en hauteur. Jeunes filles et porte-faix, passant devant des magasins.

450. ——— Trois dames dans un jardin public.

451. ——— Deux dames et une jeune fille sur le tertre d'un pré.

452. ——— Enfant costumé en Daïkokou.

453. ——— Kintoki armé d'une hache, un ourson noir à ses pieds.

454. ——— Kintoki jouant avec de jeunes tengou.

455. ——— Groupe de trois jeunes filles et d'un garçonnet.

456. ——— Jeune seigneur assis sur le banc d'une tchaya (maison de thé) entre son domestique et une servante.

457. ——— Trois femmes dans une maison ouverte sur un jardinet couvert de neige ; l'une se chauffant sous la draperie du poêle, une autre étendue sur la natte, la troisième debout derrière un pilier.

458. ——— Deux jeunes femmes suivies d'un porteur.

459. ——— Quatre jeunes femmes sous des branches d'automne qui s'effeuillent.

N° 429

N° 432

460. — Estampe en hauteur. Scène de théâtre en avant de trois musiciens sur une estrade.

461. —–— Composition analogue.

462. — Deux estampes en hauteur. Scènes de théâtre variées.

463. — Trois estampes en hauteur. Scènes de théâtre variées.

464. — Estampe en hauteur. Groupe de jeunes femmes, l'une tenant un cahier de papier ; une autre tournée vers la troisième qui s'est accroupie devant un miroir pour se farder les lèvres.

465. —–— Groupe en promenade : trois jeunes femmes accompagnées d'un jouvenceau.

466. —–— Trois courtisanes en promenade, accompagnées de deux fillettes.

467. —–— Trois jeunes femmes suivies d'un garçonnet portant une plante dans un pot.

468. —–— Père de famille en promenade avec trois jeunes filles et deux garçonnets, suivis d'un domestique.

469. —–— Courtisane avec deux fillettes, assise sous un cerisier fleuri.

470. —–— Visite aux pivoines par une courtisane accompagnée de deux fillettes et d'une femme.

471. — Estampe petit format. Dame surprenant sa servante dans la lecture d'une lettre.

472. —–— Troupe de danseuses en costume de matsouri.

473. —–— Magasin d'ustensiles à écrire.

474. —–— Jeunes filles sur un balcon de temple.

475. —–— Deux femmes et un homme contemplant, à travers les barreaux d'une fenêtre, une plage animée de monde.

476. —–— Poétesse devant sa table à écrire, une fillette derrière elle.

N° 441.

460. — Estampe en hauteur. Scène de théâtre en avant de [...] sur une estrade.

461. — Composition analogue.

462. — Deux estampes en hauteur. Scènes de théâtre variées.

463. — Trois estampes en hauteur. Scènes de théâtre variées.

464. — Estampe en hauteur. Groupe de jeunes femmes, l'une tenant un cahier de papier ; une autre tournée vers la troisième qui s'est accroupie devant un miroir pour se farder les lèvres.

465. — Groupe en promenade : trois jeunes femmes accompagnées d'un jouvenceau.

466. — Trois courtisanes en promenade, accompagnées de deux fillettes.

467. — Trois jeunes femmes suivies d'un garçonnet portant une plante dans un pot.

468. — Père de famille en promenade avec trois jeunes filles et deux garçonnets, suivis d'un domestique.

469. — Courtisane avec deux fillettes, assise sous un cerisier en fleurs.

470. — Visite aux pivoines par une courtisane accompagnée de deux fillettes et d'une femme.

471. — Estampe petit format. Dame surprenant sa servante dans [...]

472. — Groupe de danseuses en costume de matsouri.

473. — [...] d'ustensiles à écrire.

474. — [...] sur un balcon de temple.

475. — [...] et un homme contemplant, à travers [...], une plage animée de monde.

476. — [...] devant sa table à écrire, une fillette derrière elle.

477. — Estampe petit format. Dames se faisant débarquer à dos d'hommes.

478. ——— Femmes et fillettes dans une enceinte de temple.

479. ——— Deux komousso, joueurs de flûte, et une femme.

N° 482

480. ——— Fête de matsuri : enfants costumés, escortant un charriot chargé de deux sabres gigantesques.

481. ——— Deux dames et enfants, accompagnés de leur servante, regardent la rivière du haut d'un pont.

482. ——— Trois femmes préparant la cuisine ; derrière elles un enfant fait flotter un poisson en baudruche au bout d'une perche.

483. — Estampe format hossoyé. Enfant costumé en Yébissu avec son attirail de pêcheur.

484. — Estampe petit format. Acteur et servante d'auberge.

485. — Estampe en largeur. La toilette matinale de deux jeunes filles; l'une se fait peigner, l'autre s'essuie avec son peignoir, tandis qu'une fillette joue à la balle. Dans une pièce adjacente une jeune femme sort du bain, suivie d'une servante.
Estampe encadrée.

486. — *Yéhon monomiga oka.* — La colline aux belles vues. Trente-deux pages d'illustration. Vues d'Yédo.
1785, Yédo. 1 vol. 0,22 × 0,16.

Kitao Shighémassa [1].

487. — *Yéhon Adzuma karaghé.* — Réunion des vases d'Adzuma (Yédo). Trente-une pages d'illustration. Scènes de la vie d'Yédo.
1786, Yédo. 2 vol. 0,22 × 0,15.

488. — *Yéhon Biwa-ko.* — Livre du lac Biwa. Cinquante-quatre pages d'illustration. Scènes de villégiature.
1788, Yédo. 3 vol. réunis 0,22 × 0,15.

489. — *Yéhon Foukou jiro.* — Le livre de la fortune, du bonheur et de longévité. Quatorze pages d'illustration en couleurs. Personnages légendaires.
1791, Yédo. 1 vol. 0,22 × 0,15.

490. — *Yéhon moucha aboumi.* — Livre illustrant la selle des guerriers. Vingt-quatre pages d'illustration en couleurs. Actions des héros célèbres.
Yédo. 2 vol. 0,26 × 0,18.

490 *bis.* — Même ouvrage ; t. I seulement.

491. — *Yéhon kômaya-daké.* — Illustrations sur la montagne de Kôma. Quarante-six pages d'illustration en couleurs. Histoires de chevaux célèbres.
1802, Yédo. 3 vol. 0,22 × 0,16.

492. — *Kwatchô dzuyé.* — Recueil de dessins d'oiseaux et fleurs. Première partie. Trente-deux pages d'illustration en couleurs.
1805, Yédo. 2 vol. réunis 0,22 × 0,16 ; (manque t. III.)

---

[1] (1734-1819) Adopte souvent, notamment pour ses impressions les plus fines, la signature de *Kosuicaï*. Fut un fréquent collaborateur de Shunsho et parfois aussi de Toyoharou.

493. — *Kwatchô dzuyé*. — Recueil de dessins d'oiseaux et fleurs. Deuxième partie. Quarante-six pages d'illustration en couleurs.
1827. 3 vol. 0,22 × 0,15.

494. — Ouvrage érotique en trois volumes, contenant cinquante-trois pages d'illustration en noir, accompagnées de pages de texte. 0,21 × 0,15.

Page tirée du n° 514.

495. — Grande estampe étroite en hauteur. Tirage en trois tons. Jeune samouraï, un parapluie fermé à la main.

496. — Grande estampe en largeur. Tirage en rouge et gris. L'attaque du château, avec la mêlée et le brouillamini de la surprise.

Partie de page tirée du n° 515.

497. — Estampe en largeur. Cortège de matsuri, passant entre les tribunes.

498. — Estampe petit format. La leçon d'écriture, la mère conduisant la main de l'enfant.

499. —— Leçon d'écriture au banc de l'école.

500. — Sept petits sourimonos, à motifs de poissons, coquillages et légumineux.

501. — Format hossoyé. Enfant jouant avec une tête de cheval de bois.

Kitao Massayochi [1].

502. — Grande estampe en largeur. Le pont Riôgokou, par une nuit de fête. 0,40 × 0,30.

503. — Estampe en largeur. Couple d'oiseaux à longue queue sur une branche de pin.

504. —— Deux oiseaux sur branche de biwa.

505. —— Oiseau sur un tronc de cerisier en fleur.

506. —— Couple de perdrix devant une cascade.

507. —— Oiseau sur lotus dans un étang garni d'iris et de fleurs jaunes.

508. — Deux estampes en largeur, à motifs variés d'oiseaux.

---

[1] (1761-1824) Élève de Shighémassa. Adopte aussi les noms de *Keicaï* et de *Jôchinn*. Véritable prédécesseur de Hok'saï, pour avoir su résumer d'un trait rapide, vivant et sommaire, le grouillement de tous les êtres de la création.

N° 447.

497. — Estampe en longueur. Cortège de matsuri, passant entre les tribunes.

498. — Estampe petit format. La leçon d'écriture, la mère conduisant la main de l'enfant.

499. — Leçon d'écriture au banc de l'école.

500. — Sept petits surimonos à motifs de poissons, coquillages et légumineux.

501. — Format hossoye. Enfant jouant avec une tête de cheval de bois.

Kitao Massayochi [1].

502. — Grande estampe en longueur. Le pont Riogokou, par une nuit de fête. 0,40 × 0,30.

503. — Estampe en longueur. Dessin d'oiseaux à longue queue sur une branche de pin.

504. —

505. —

506. —

507. — ... et de fleurs jaunes.

508. — ... d'oiseaux.

[1] ...

509. — Estampe petit format: Rafale sur le lac d'Omi.

510. — — — Trois enfants jouant aux lutteurs. Estampe encadrée.

Page tirée du n° 515.

511. — *Yéhon Miyako-no-nichiki*. — Brocards de la capitale. Douze pages d'illustration en couleurs. Vues de Kioto.

    1787, Kioto. 1 vol. 0,30 × 0,22.

512. — *Chôchokou gwakio*. — Dessins pour tous artisans. Soixante-douze pages d'illustration en noir. Croquis de figures, d'animaux et de plantes.

    1794, Yédo. 1 vol. 0,25 × 0,17.

513. — *Riakou gwachiki.* — Méthode de dessin cursif. Soixante-deux pages d'illustration. Esquisses humoristiques de personnages.

1795, Yédo. 1 vol. 0,26 × 0,18.

514. — *Tchōjū riakou gwachiki.* — Méthode de dessins cursifs d'oiseaux et d'animaux. Quarante-neuf pages d'illustration.

1797, Yédo. 1 vol. 0,26 × 0,18.

515. — *Jimboutsu riakou gwachiki.* — Méthode de dessins cursifs de figures. Soixante pages d'illustration. Dessins humoristiques à personnages.

1799, Yédo. 1 vol. 0,26 × 0,18.

516. — *Keiçaï gwafou.* — Album de Keiçaï. Soixante pages d'illustration à motifs de personnages en couleurs.

Yédo. 1 vol. 0,26 × 0,18.

517. — Même ouvrage en tirage postérieur.

518. — *Sansui riakou gwachiki.* — Méthode de dessin cursif de paysages. Cinquante-neuf pages d'illustration.

1800, Yédo. 1 vol. 0,26 × 0,18.

519. — Même ouvrage que précédent numéro, en impression différente.

520. — *Ghengwa yén.* — Jardin de dessins des proverbes. Cinquante-six pages d'illustration. Croquis de figures en couleurs.

Sign. *Keiçaï.*

1808, Yédo. 1 vol. 0,26 × 0,18.

521. — *Sôkwa riakougwa chiki.* — Méthode de dessin des herbes et des fleurs. Soixante pages d'illustration en couleurs. Études de plantes.

1813, Yédo. 1 vol. 0,27 × 0,18.

Kitao Massanobou [1].

522. — Album formé de sept doubles planches, représentant des groupes de femmes au Yochiwara.

1785, Yédo. 0.37 × 0.26.

523. — Quinze estampes petit format, offrant chacune un portrait de poète.

---

[1] (1761-1816) Élève de Shighémassa, cet artiste devint surtout célèbre, comme littérateur, sous le nom de *Santô Kiodén*, dont, parfois, il a également usé, pour signer certaines gravures.

N° 460.

513 — *Rakou guacha*. — Méthode de dessin [illegible] deux pages d'illustration. Esquisses humoristiques de personnages.

1795. Yédo, 1 vol. 0,25 × 0,18.

514 — *Tchōjū [illegible]*. — Méthode de dessin [illegible] d'oiseaux et d'animaux. Quarante-neuf pages d'illustration.

1797. Yédo, 1 vol. [illegible]

515 — *Jinboutsu [illegible]*. — Méthode [illegible] de figures. Soixante pages d'illustration. Dessins humoristiques [illegible]

1799. Yédo, 1 vol. [illegible]

516 — *Acigao [illegible]*. — Méthode de [illegible] pages d'illustration à motifs de personnages en couleurs.

Yédo, 1 vol. 0,25 × 0,18.

517 — Même ouvrage en tirage [illegible]

518 — *Sansui [illegible]*. — Méthode [illegible] de paysages. Cinquante-neuf pages d'illustration.

1860. Yédo, 1 vol. 0,27 × 0,18.

519 — Même ouvrage que ci-dessus, [illegible] en impression [illegible].

520 — *Ghenguen yen*. — Études [illegible] des proverbes. Trente-six pages d'illustration. Croquis de figures en couleurs.

Sign. *Keisai*.

1808. Yédo, 1 vol. 0,26 × 0,18.

521 — *Sōkwa [illegible] chiki*. — Méthode de dessin des herbes et des fleurs. Soixante pages d'illustration en couleurs. Études de plantes.

1813. Yédo, 1 vol. 0,27 × 0,18.

Kitao Massanobou

522 — Album formé de sept doubles-planches, représentant des groupes de femmes au [illegible].

1785. Yédo, 0,37 × 0,26.

523 — Douze estampes petit format, offrant chacune un portrait de poète.

[illegible] élève de Shigénobou [illegible] devint [illegible] littérateur, sous le nom de *Santō* [illegible]

524. — Estampe en largeur. Troupe de saltimbanques, donnant une représentation au Yochiwara.

525. — Deux estampes format hossoyé, figurant chacune un acteur en villégiature, accompagné d'une jeune femme.

526. — Estampe petit format. Embarquement sur la rivière par un temps de pluie.

Tôchiuçaï Sharakou[1].

527. — Estampe en hauteur. Deux figures d'acteurs en pied. Celui de gauche, vêtu d'une casaque rouge, est figuré de dos, la tête tournée vers son compagnon qui pose un genou en terre pour tirer le sabre.

528. — — Deux figures d'acteurs en pied. Devant un personnage debout, relevant sa manche, un samouraï est accroupi, son sabre appuyé à terre.

529. — — Deux figures d'acteurs en pied. L'un, portant deux sabres, est debout dans une longue robe à carreaux; devant lui, une femme assise, enveloppée d'un manteau noir retombant sur une robe rose.

N° 573

530. — — Deux figures d'acteurs en pied. Celui de droite, en surtout brun, incline la tête vers une femme vêtue de noir, qui, accroupie, roule une feuille de papier.

531. — — Deux demi-figures d'acteurs en femmes; celle du fond avec un long visage s'effilant dans un menton pointu; l'autre à la tête ronde et grasse.

532. — — Deux demi-figures d'acteurs: l'un, d'une haute stature, avec un long nez busqué

---

[1] Travailla vers la fin du XVIIIe siècle pendant peu d'années seulement, son style ayant été trouvé d'un caractère trop aigu pour la mode du temps.

dans une face émaciée, de longues mèches de cheveux retombant jusque sur la poitrine ; l'autre, d'un type burlesque, écarte les doigts de sa main grande ouverte.

533. — Estampe en hauteur. Deux demi-figures d'acteurs. A côté d'une tête ronde et grasse au nez retroussé, une longue tête osseuse, projetant un nez aquilin.

N° 575 a

534. — Deux demi-figures d'acteurs ; à gauche, une femme, la main posée sur un pommeau de sabre ; auprès d'elle, un jeune homme aux joues pleines, les yeux écarquillés.

535. — Même composition que le numéro précédent ; autre coloris.

536. — Buste d'un fumeur : la tête, ceinte d'un foulard blanc, émergeant d'un col noir qui borde une robe chamois à dessin quadrillé.

537. — Buste d'un acteur en femme, vêtu d'une robe étoilée sur fond clair ; la main gauche passée dans une ceinture noire.

538. — Buste d'acteur en femme ; la main retenant un pli de sa robe de ton rose. Tête tournée à gauche, deux longues épingles et un grand peigne dans la haute chevelure noire.

539. — Buste de jeune homme en robe lilas ; de trois quarts à droite, une main levée.

540. — Buste de jeune homme, porteur d'une lanterne ; de trois quarts à gauche.

541. — Buste d'acteur en robe jaune quadrillée, la tête de trois quarts à droite, les lèvres violemment pincées, la main gauche posée sur l'épaule droite.

Pages tirées du n° 519.

... . jusque sur la poitrine;
... ... ouverte.

... ..été d'une tête ronde et grasse
. .. .. retroussé, une longue tête
. ... projetant un nez aquilin.

534. — Deux demi-figures
d'acteurs; à gauche, une femme,
la main posée sur un pommeau
de sabre; auprès d'elle, un jeune
homme aux joues pleines, les
...... maquillés.

535. — Même composition
que le numéro précédent; autre
......

536. — Buste d'un fumeur;
la tête, ceinte d'un foulard blanc,
émergeant d'un col noir qui
borde une robe chamois à dessin
...-aillé.

537. — Buste d'un acteur
en ......, vêtu d'une robe éto-
l... sur fond clair; la main
gauche passée dans une ceinture
noire.

538. — Buste d'acteur en
......; la main retenant un pli
. .. . de ton rose. Tête tour-
...... gauche, deux longues épin-
.... et un grand peigne dans la
...... en velure noire.

.. trois quarts à droite, une main

.... quarts à gauche.

.. tête de trois quarts à droite, les lèvres
..... droite.

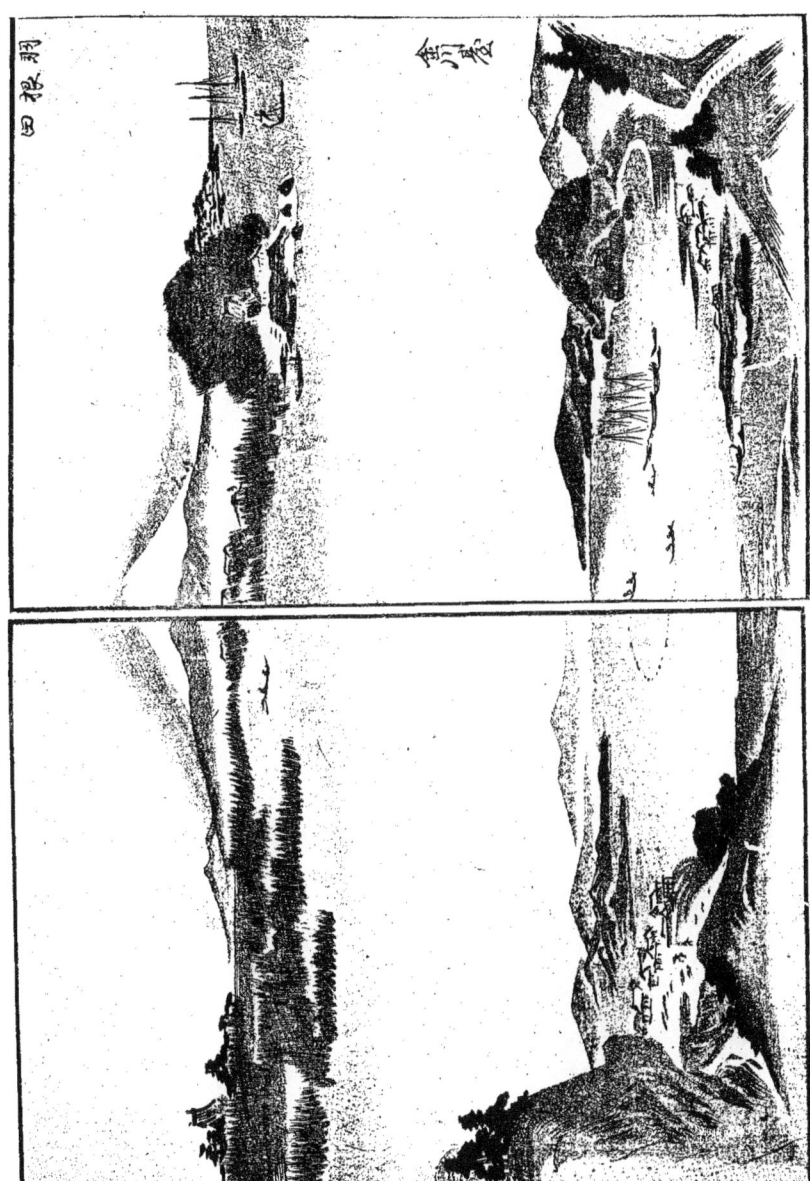

542. — Estampe en hauteur. Buste d'acteur en robe rouge, tirant le sabre; tête tournée à gauche.

543. — — Buste d'acteur en robe vert-olive, tenant un éventail fermé. De trois-quarts à droite.

544. — — Buste d'acteur en bonnet blanc, la tête à gauche, penchée en avant, les bras cachés sous les plis du vêtement bleu à semé de coquillages blancs.

545. — — Même composition que précédent numéro, dans un autre coloris.

546. — — Buste d'acteur en femme; la tête, d'expression spirituelle, à gauche, une pipe à la main.

547. — — Buste d'acteur au nez busqué, large d'épaules, les mains jointes sur la poitrine; vêtement de ton orange.

548. — — Buste d'acteur en robe grise, les mains enfoncées sous la manche, la tête, à gauche, barrée par un rictus des lèvres serrées.

549. — — Buste d'acteur à la tête ovale, tenant un grand éventail vert qui se détache sur une robe de ton rose.

550. — Estampe format hossoyé. Fumeur assis, la tête à gauche. Manteau noir à carreaux sur dessous de ton mastic.

551. — Trois estampes en hauteur, formant un panneau encadré de brocart. Bustes d'acteurs en costumes féminins.

552. — — — formant un panneau encadré de brocart. Bustes d'acteurs en costumes masculins.

Fragment de page tiré du n° 628.

Page tirée du n° 630.

Outagawa Toyoharou [1].

553. — Grande estampe en hauteur. Au jardin, devant l'entrée d'une élégante habitation, un jeune couple est absorbé dans une partie de gô, à laquelle s'intéresse également une dame qui se tient debout auprès du groupe.

554. —— Estampe en largeur. Souper de fête dans une maison de thé dominant la baie d'Yédo.

555. —— Estampe en largeur. Grande chasse princière au pied du Foujiyama.

556. —— Attaque du château par les Rôninn.

557. — Estampe en largeur. Echouement d'une baleine sur la côte japonaise et sa capture par le peuple villageois.

558. —— Arrivée au Japon du premier navire européen.

559. —— Vue d'une ville hollandaise.

[1] (1733-1814) Elève de Shighénaga et fondateur de la lignée des *Outagawa*. Excellait dans la figure, mais doit sa principale renommée à l'invention d'un nouveau style de paysage. Cultiva en outre avec ardeur le paysage de *style hollandais*.

560. —— Vue du grand canal de Venise.

561. ———— Vue d'un palais dans un pays imaginaire.

562. —— Un site du lac d'Omi.

563. — — Le palais hanté.

564. —— Autre interprétation du même sujet.

565. — Sept estampes en largeur. Paysages animés.

Sékkô.

566. — Estampe en largeur, représentant un feu d'artifice sur le pont Riôgokou.

Raïcén.

567. — Estampe en hauteur, impression noire. Couple de canards mandarins nageant au fil de l'eau.

Outagawa Toyohiro [1].

568. — Grand sourimono étroit en largeur. Jeune homme et enfant, examinant du haut d'une éminence la plage à marée basse.

569. — Estampe en largeur : Paysage offrant un îlot boisé entouré de jonques.

570. — Triptyque, représentant des arrangements de fleurs par une réunion de dames ; un jeune homme trace des caractères de poésie sur une feuille de papier.

571. — Deux estampes en hauteur, représentant soit un poète, soit une poétesse, sur des fonds de paysage.

572. — Estampe en hauteur. Une jeune femme, accroupie devant le couvert d'un souper, se livre au jeu des doigts, qui se pratique pendant les repas.

Détail d'une page du n° 634.

[1] (1773-1828) Élève de Toyoharou et, par la suite, émule d'Outamaro.

573. — Estampe en hauteur. Grande tige de pivoine dans une jardinière.

574. — Estampe format moyen. Jeune femme assise, observant le vol d'un oiseau.

575. — Deux estampes de petit format :
  a. Femme se coupant les ongles du pied.
  b. Suivante apportant un seau d'eau.

576. — Estampe de petit format. Trois chevaux sous un arbre.

577. ——— Une jeune dame noble, à cheval, accompagnée d'une fillette, contemple le mont Fouji.

578. — *Jiùsamban kiôka awacé.* — Treize couples de poètes. Vingt-six pages d'illustration en couleurs.
  Yédo. 1 vol. 0,30 × 0,20.

579. — *Yehon Adzuma waraba.* — Les enfants d'Adzuma (Yédo). Vingt-cinq pages d'illustration en couleurs. Fêtes des douze mois de l'année.
  1804, Yédo. 2 vol. 0,21 × 0,15.

Toyohiro et Toyokouni.

580. — *Otoghi kanoko.* Gai mélange de contes pour tenir éveillé. Douze pages d'illustration en couleurs. Sujets variés.
  1803, Yédo. 1 vol. 0,21 × 0,15.

Outagawa Toyokouni [1].

581. — Deux volumes :
  a. Un volume contenant vingt bustes d'acteurs en couleurs.
  b. Un volume : *Yehon koukouri jomé.* Treize pages en couleurs ; paysages animés de figures.

582. — *Yéhon Yédo no mizu.* — Les eaux d'Yédo. Trente-sept pages d'illustration en noir. Promenades dans Yédo.
  Yédo. 3 vol. 0,22 × 0,15.

[1] (1769-1825) Signe aussi *Itchi-yoçaï.*

N° 682.

572. — Estampe en hauteur, [...] de pivoine dans une jardinière.

573. — Estampe [...] le vol d'un oiseau.

575. — Deux estampes [...]
a. Femme se coupant [...] pied.
b. Soixante apprentis [...]

576. — Estampe de petit [...] arbre.

577. — Une jeune [...] accompagnée d'une fillette, contemple le mont Fouji.

578. — *Nisanbon kiôka [...]* — Treize couples de poètes. Vingt-six pages d'illustration en couleurs.
Yédo, 1 vol. 0,30 × 0,20.

579. — *[...] Adzuma [...]* — Les enfants d'Adzuma. Yédo. Vingt-cinq pages d'illustration en couleurs. Fêtes des douze mois de l'année.
1804. Yédo, 2 vol. 0,21 × 0,15.

Toyohiro et Toyokouni.

580. — *[...]* [...] contes pour tenir éveillé. Douze pages d'illustration en couleurs. Sujets [...]
1802. [...]

Outagawa Toyokouni.

584. — Deux volumes [...]
a. [...] d'acteurs en couleurs.
b. [...] Treize pages en couleurs ; paysages animés de figures.

582. — [...] Trente-sept pages d'illustration en noir.

583. — *Yôhô chachinn sangaï kiô*. — Image des trois phases des acteurs, (passé, présent, futur.) Quarante-une pages d'illustration en couleurs. Amusements des acteurs à la ville.

1801, Yédo. 2 vol. 0,22 × 0,15.

584. — *Yéhon imayo sugata*. — Les toilettes à la mode. Vingt-quatre pages d'illustration en couleurs. Texte par *Chikitei Samba*. Scène de la vie des femmes.

1802, Yédo. 2 vol. 0,21 × 0,15.

Fragment d'une page du n° 634.

585. — *Yak'cha konoté gachiwa*. — Éclosion d'acteurs. Quarante-huit pages d'illustration en couleurs. Portraits d'acteurs en buste.

1803, Yédo. 2 vol. 0,21 × 0,15.

586. — *Haïyu aïmi kagami*. — Le miroir où les acteurs se regardent mutuellement. Trente-trois pages d'illustration en couleurs. Bustes d'acteurs.

1804, Yédo. 2 vol. 0,27 × 0,18.

587. — Grand sourimono en largeur. Grandes tiges de chrysanthèmes avec vol de papillons.

588. — Deux grands sourimonos étroits en largeur :
  a. Trois jeunes garçons portant des coqs pour un combat.
  b. Groupement de trois cerfs-volants.

589. — Grand sourimono étroit en largeur. Sous un bosquet de cryptomérias, devant un repas servi par une aubergiste, de jeunes femmes font manger à deux renards sacrés des aliments apportés par une vieille, accroupie devant elles.

590. — Triptyque. Société d'acteurs et de femmes, se divertissant sur l'eau.

591. — Orchestre de musiciennes préparant leurs instruments dans la grande salle d'un palais, devant une réunion de dames dont les silhouettes apparaissent par la transparence d'un paravent.

Page tirée du n° 634.

592. — Triptyque. La fête des cerisiers. Deux jeunes femmes accrochent des banderolles de poésies à des branches fleuries, l'une hissée par un jeune homme, l'autre montée sur les bords d'un seau maintenu par une amie.

593. — La grande avenue du quartier Yoschiwara, toute peuplée de la promenade des femmes en somptueux costumes, et de quelques jeunes hommes. Impression à dominante grise et lilas.

594. — Diptyque. Promenade sur la place publique d'un acteur tout entouré d'un cercle de pimpantes fillettes, précédant les courtisanes, leurs maîtresses.

595. — Six dames élégantes, accompagnées d'un jeune homme, contemplent, du haut

Pages tirées du n° 694.

589. — […] un bosquet de cryptomérias, devant un […] manger à deux renards sacrés des […]

590. — Triptyque. […] divertissant sur l'eau.

591. — Orchestre […] préparant leurs instruments dans la grande salle d'un palais, devant un […] dont les silhouettes apparaissent par la transparence d'un paravent.

592. — Triptyque. La fête des cerisières. Deux jeunes femmes accrochent des banderolles de poésies à des branches d'arbres, l'une hissée par un jeune homme, l'autre montée sur les bords d'un seau maintenu […]

593. — La grande […] de Yoshiwara, toute peuplée de la promenade des […] en somptueux […] quelques jeunes hommes. Impression à dominante […]

594. — Triptyque. Promenade […] masque d'un acteur tout entouré d'un cercle de […] précédant […] maîtresses.

595. — Six dames élégantes […] un jeune homme, contemplent, du haut

de la terrasse d'une tchaya, la fête populaire consistant à pousser un char sacré dans les flots de la mer.

596. — Estampe en largeur. Le pont Riôgokou, tout encombré de foule, par une nuit de fête.

597. — Estampe en hauteur. Deux ghéchas: l'une assise, jouant du chamicén, parle à son amie, debout devant elle.

598. ——— Jeune femme, conduisant ses deux petits garçons devant une grande boîte en laque, dont le poli reflète leurs grimaces comiques.

599. ——— Trois dames et enfant sur une terrasse au bord de la mer.

600. ——— Trois jeunes femmes et une fillette devant une volière dans un jardin zoologique.

601. ——— Trois jeunes femmes sur la terrasse d'une maison de thé.

602. ——— Deux teinturières tirant un seau d'eau d'un puits.

603. ——— Deux manzaï, dansant pour fêter le premier jour de l'an.

Page tirée du n° 636.

604. ——— Groupe de deux acteurs ; homme debout et femme accroupie tenant une poupée.

605. ——— Groupe de deux acteurs; homme versant du saké à une femme.

606. — Trois estampes en hauteur, chacune d'un groupe d'acteurs.

607. — Deux estampes en hauteur : Acteurs dans une scène de lutte. Personnages à mi-corps.

608. ——— Groupe de deux acteurs à mi-corps ; vieillard écoutant la lecture d'un livre.

609. — Trois estampes en hauteur, chacune d'un groupe de deux acteurs à mi-corps.

610. — Deux estampes en hauteur, chacune de deux acteurs, l'un des groupes présenté à mi-corps, l'autre en buste, occupant un médaillon circulaire.

611. — Estampe en hauteur, représentant trois acteurs en promenade devant un massif en maçonnerie au bord de la mer.

612. ——— L'exterminateur Chôki, le glaive tiré s'apprête à égorger un diablotin qu'il porte sous son bras.

613. — Estampe en hauteur. Aigle sur une roche au milieu des flots soulevés.

613 bis. ——— Hommes aux longs bras, faisant la chaîne pour attraper le reflet de la lune dans l'eau.

Sign. *Itchiyôçaï*.

614. ——— Buste d'acteur avançant une tête violemment grimée, la bouche accentuée par un large rictus.

615. — Trois estampes à bustes d'acteurs : Homme, la main sur son pommeau de sabre. — Femme au menton pointu, penchant sa tête. — Homme, les bras croisés, le front entouré d'un bandeau.

Fragment de page du n° 637.

616. — Estampe en hauteur, d'un acteur, présenté à mi-corps, un éventail éployé dans la main.

617. ——— Acteur debout, dans un rôle de seigneur.

618. ——— Acteur debout, tenant son éventail derrière lui.

619. ——— Acteur debout, dans un rôle de samouraï.

620. ——— Acteur en samouraï devant une eau jaillissante.

621. ——— Acteur, en homme du peuple, debout.

621 bis. — Treize estampes en hauteur, chacune d'un groupe de deux acteurs.

622. — Treize estampes format hossoyé. Feuilles d'acteurs, variées.

N° 729.

610. — ...upes en h...... .... de deux acteurs. L'un des groupes présente à pr....... ...... buste, ... au .... circulaire.

611. — ...... en hauteur, ... acteurs en promenade devant un massif ... . bord de la m...

612. — L'exterminateur ... . tiré s'apprête à égorger un diablotin qu'il porte sous son bras.

613. — Estampe en hauteur. Aigle sur une roche au milieu des flots soulevés.

613 bis. — — — Hommes aux longs bras, faisant la chaîne pour attraper le reflet de la lune dans l'eau.

Sign. *Itchiqôcaï*.

614. — — — Buste d'acteur avançant une tête violemment grimée, la bouche accentuée par un large rictus.

615. — Trois estampes à bustes d'acteurs : Homme, la main sur son pommeau de sabre. — Femme au menton pointu, penchant sa tête. — Homme, les bras croisés, le front entouré d'un bandeau.

616. — Estam... .... présente à mi-corps, un éventail éployé dans la main...

617. — .... de seigneur...

618. — .... éventail derrière lui.

619. — .... de sa ....

620. — .... polissante.

621. — .... debout.

621 bis. — .... d'un groupe de deux acteurs.

622. — Trois ... ... d'acteurs, variées.

623. — Seize estampes de petit format. Série de personnages en buste, exprimant chacun, par une grimace violente, un sentiment outré de passion, d'émotion ou de douleur.

Shunsho, Shunyei et Toyokouni.

624. — Album de quinze figures d'acteurs, format hossoyé.
1 vol. 0,30 ×0,15.

Motif tiré du n° 626 bis.

Riusui.

625. — *Oumi no satchi* (¹). — Les richesses de l'Océan. Quarante et une pages d'illustration en couleurs. Dessins de poissons.
1762, Yédo. 1 vol. 0,27 × 0,20.

Kanyôçaï [2].

626. — *Kanyôçaï gwafou*. — Album de *Kanyôçaï*. Quarante-huit pages d'illustration. Plantes, oiseaux et paysages.
1762. 1 vol. (Partie d'un ouvrage en 5 volumes.) 0,26 × 0,18.

---

[1] Un des premiers ouvrages japonais imprimés en couleurs.
[2] (1712-1774) Un des principaux initiateurs de l'École de Kioto et très puissant dessinateur.

626 bis. — *Môkio wakan zatsu giwa.* — Croquis de peintures japonaises et chinoises, par *Môkio* (autre nom pour Kanyôçaï). Cent soixante-seize pages d'illustration. Paysages, animaux et plantes.

1802, Kioto. 4 vol. (sur 5, manque t. III) 0,26 × 0,18.

Jitchôsaï [1].

627. — *Yébanachi-Jitchôsaï.* — Conversation avec des peintures. Vingt-deux pages d'illustration. Figures caricaturales.

1782, Osaka. 3 vol. 0,22 × 0,16.

628. — *Meppôkaï.* Le monde extraordinaire. Cinquante-une pages d'illustration en couleurs. Scènes caricaturales.

1803, Osaka. 1 vol. 0,26 × 0,18.

629. — Autre exemplaire de l'ouvrage précédent.

Nitchôsaï [2].

630. — *Kotou djoukaï.* — Livre de caricatures. Trente-trois pages d'illustration.

1805, Osaka. 2 vol. 0,26 × 0,18.

Shimo Kawabé [3].

631. — *Koummo-dzuyé.* Almanach pour éducation. — Quatre cent trente-deux pages d'illustration. Ouvrage encyclopédique.

1789, Kioto. 9 vol. (sur 21) 0,22 × 0,16.

Kourô (Kino Baïtei) [4].

632. — *Kourô gwafou.* — Album de Kourô. Soixante-quatre pages d'illustration. Figures, paysages animés et animaux.

1797, Kioto. 1 vol. 0,26 × 0,18.

---

[1] Appartient, ainsi que plusieurs des noms suivants, à cette branche de l'École de Kioto qui traça de la vie japonaise des images réjouissantes d'une acuité d'expression sans égale et qui eut en outre le mérite, lorsqu'elle poussa la bonne humeur jusqu'à la caricature, de donner à cet art spécial un caractère différent de la formule traditionnelle inventée au XIIe siècle par Toba Sôjo, qui s'était perpétuée identiquement jusque-là

[2] École de Kioto.

[3] Shimo Kawabé Jiusui. École de Kioto; a suivi le style de Sukénobou.

[4] École de Kioto.

N° 731.

626. — *Mochin*[...] [...]cueil de peintures japonaises et chinoises, [...] seize pages d'illustration. Paysages, animaux et plantes.
1802, [...] 0,26 × 0,18.

Jitchôsaï.

627. — *Yakusa[...] Jitchôsaï.* Conversation avec des peintures. Vingt-deux pages d'illustration. Figures caricaturales.
1782, Osaka, 3 vol. 0,22 × 0,16.

628. — *Meppôkaï.* Le monde extraordinaire. Cinquante-un pages d'illustration en couleurs. Scènes caricaturales.
1803, Osaka, 1 vol. 0,26 × 0,18.

629. — Autre exemplaire de l'ouvrage précédent.

Nitchôsaï.

630. — *Kotou djoukaï.* [...] de caricatures. Trente-[...] pages d'illustration.
1805, Osaka, 2 vol. 0,26 × 0,18.

Shimo Kawabé.

631. — *Komamo [...]* Almanach pour éducation. Quatre cent trente-deux pages d'illustration. Ouvrage encyclopédique.
1789, Kioto [...] 0,22 × 0,16.

Kourô Kino Baïteï.

632. — *Kouroi [...]* [...] soixante-quatre pages d'illustration. Figures [...] animés et oiseaux.
1797, Kioto, [...]

[...]

Page tirée du n° 643.

Shokôçaï[1].

633. — *Yéhon foutaba aoyé.* — Les deux feuilles d'*aoyé*. Vingt-cinq pages d'illustration en couleurs. Scènes de théâtre.

   1798, Osaka. 1 vol. 0,26 × 0,18.

Yamagoutchi Sôdjoun.

634. — *Wajimboutsu ywafou.* — Album de figures japonaises. Cent cinq pages d'illustration. Figures humoristiques.

   1799, Yédo. 3 vol. réunis 0,26 × 0,18.

635. —— Même ouvrage, en 3 volumes détachés.

Kôkan[2].

636. — *Jimboutsu Sôgwa.* — Croquis de personnages. Soixante-neuf pages d'illustration. Figures humoristiques.

   2 vol. sur 3, manque t. III.

[1] École d'Osaka.
[2] École de Kioto.

Tchikoudo [1].

637. — *Kichi yenpou*. — Collection de brillantes couleurs *Kichi*. Soixante-sept pages d'illustration en couleurs. Scènes populaires en charge.

1802. 3 vol. 0,26 × 0,18.

Taïyodo.

638. — *Taïyodo gwafou*. — Album de Taïyodo. Quarante-quatre pages d'illustration en couleurs. Figures et paysages de style chinois.

1803. 1 vol. 0,29 × 0,19.

Kô-inn (ou Tokei).

639. — *Meika gwafou*. — Album de dessins célèbres. Soixante-quatre pages d'illustration. Sujets variés de style chinois.

1804, Owari. 1 vol. 0,27 × 0,19.

640. — *Hontchô Meika gwafou*. — Album de dessins célèbres du Japon. Soixante-trois pages d'illustration. Sujets variés.

1812, Owari. 1 vol. 0,27 × 0,19.

Anonymes.

641. — *Kwatchô gwafou*. — Recueil de fleurs et d'oiseaux. Vingt-cinq pages d'illustration. Oiseaux.

Yédo. 1 vol. 0,25 × 0,18.

642. — *Gwahin hippô*. — Reproduction d'anciennes peintures. Trente-huit pages d'illustration. Motifs divers.

1 vol. 0,24 × 0,17.

643. — *Kogwa yôran*. — Remarquables reproductions d'anciennes peintures. Trente pages d'illustration. Oiseaux et fleurs.

1 vol. 0,24 × 0,17.

---

[1] Élève de *Gankou*. Gankou, comme chef d'école, était également connu sous le nom de Kichi. C'est cette circonstance qui aura inspiré à Tchikoudo le titre de *Kichi Yenpou*.

N° 739.

Tchikoudo.

637. — *Kichi genpou*. — ... de brillantes couleurs *Kichi*. Soixante-sept pages d'illustration en couleurs. Scènes populaires en charge.
1802. 3 vol. 0.26 × 0.18.

Taiyodo.

638. — *Taïyodo genfou*. — Album de Taïyodo. Quarante-quatre pages d'illustration en couleurs. Figures et paysages de style chinois.
1803. 1 vol. 0.29 × 0.19.

Kô-inn (ou Tokei).

639. — *Meika genfou*. — Album de dessins célèbres. Soixante-quatre pages d'illustration. Sujets variés de style chinois.
1804. Owari. 1 vol. 0.27 × 0.19.

640. — *Honteki Meika genfou*. — Album de dessins célèbres du Japon. Soixante-trois pages d'illustration. Sujets variés.
1812. Owari. 1 vol. 0.27 × 0.19.

Anonymes.

641. — *Kwatcho*. — ... oiseaux. Vingt-cinq pages d'illustration. Oiseaux.
Yedo. 1 vol. ...

642. — *...* — ... d'anciennes peintures. Trente-huit pages d'illustration. Motifs divers.
1 vol. 0.24 × ...

643. — *...* — ... reproductions d'anciennes peintures. Trente pages d'illustration. Oiseaux et fleurs.
1 vol. 0.24 × ...

... connu sous le nom de Kichi. C'est celle...

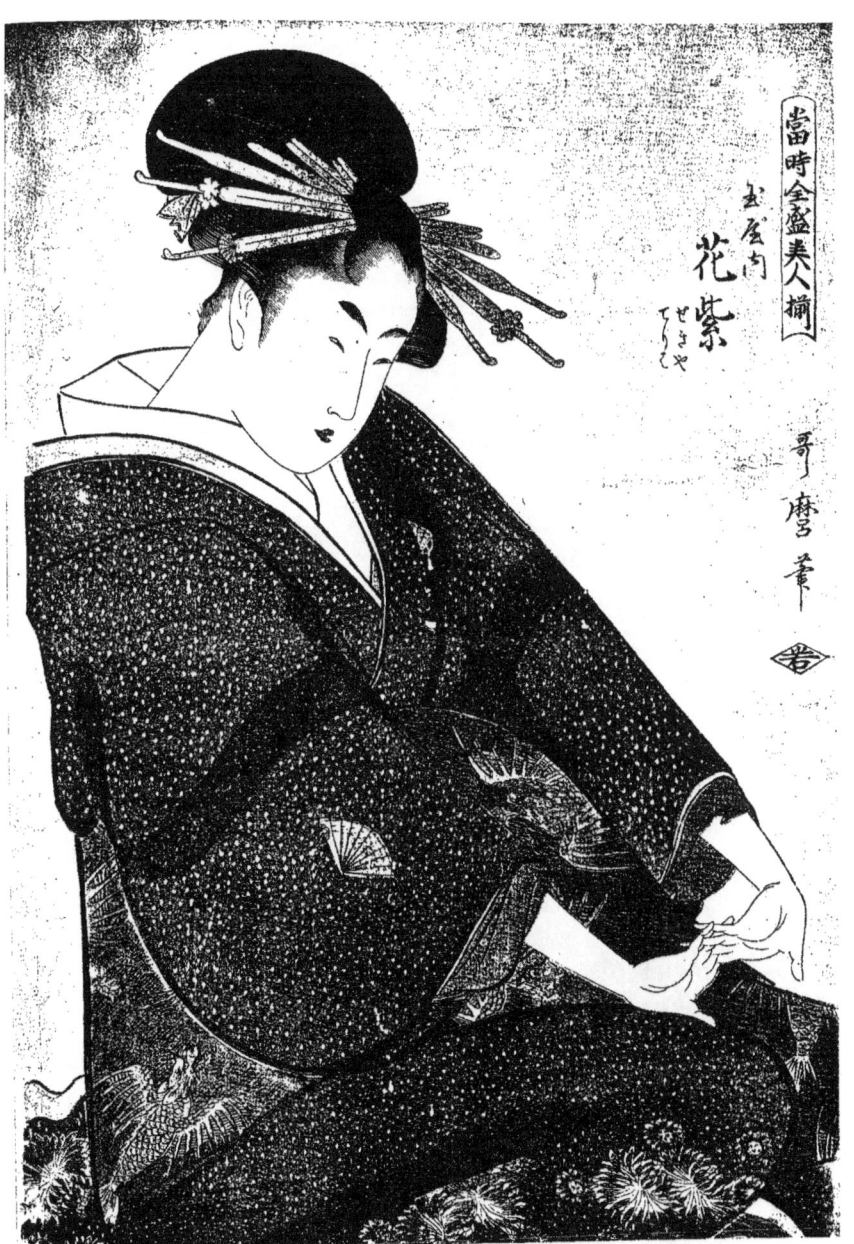

Nichimoura Nantei[1].

644. — *Nantei gwafou*. — Album de Nantei. Cent pages d'illustration. Scènes populaires humoristiques.
    1812. 2 vol. 0,26 × 0,18.

645. — *Nantei gwafou*. 2me partie. — Album de Nantei. Soixante pages d'illustration en couleurs. Figures humoristiques.
    1821, Kioto. 1 vol. 0,27 × 0,19.

646. — Autre exemplaire du même ouvrage avec quatre pages en moins et portant pour titre : *Jimboutsu gwafou*. — Album de figures.

Boumpô[2].

647. — *Boumpô gwafou*. — Album de Boumpo. Soixante-huit pages d'illustration. Figures de style chinois.
    1813, Kioto. 1 vol. 0,26 × 0,18.

648. — Même ouvrage : tirage postérieur.

Kochou.

649. — *Kochou gwafou*. — Album de Kochou. Cinquante-sept pages d'illustration, teintées. Dessins de plantes, d'animaux et de figures.
    1812, Yédo. 2 vol. 0,26 × 0,18.

Anonymes.

650. — *Sôgwa kokoufou*. — Croquis sur la vie du pays (du Japon). Vingt-cinq pages d'illustration, teintées. Scènes diverses.
    1813. 1 vol. 0,28 × 0,20.

Page tirée du n° 642.

[1] École de Shijo. Élève d'Okio.
[2] Élève de Gankou.

Page tirée du n° 659.

651. — *Keijôgwa-yén*. — Album des châteaux de Kioto. Vingt-cinq planches en couleurs. Sujets divers.

1814, Kioto. 1 vol. 0,24 × 0,18.

Suiséki[1].

652. — *Suiséki gwafou*. — Album de Suiséki (2° partie). Quarante pages d'illustration, teintées. Croquis de personnages.

1813, Osaka. 1 vol. 0,25 × 0,18.

Ghescho[1].

653. — *Foukei gwafou*. — Album de dessins déformés. Soixante et une pages d'illustration. Figures, plantes et animaux.

1817, Nagoya. 1 vol. 0,26 × 0,18.

[1] École de Shijo.
[2] École chinoise.

No 756.

651. — *Réifuku...* ... Vingt-cinq planches ... Sujets divers.
   1814. ...

Suiseki.

652. — *Suiseki...* ... Quarante pages d'illustr... teintées. Croquis de ...
   1815. ...

Giusetsu.

653. — ... Soixante et une pages d'... ... Cinq planches ...
   1812. ...

653 *bis*. — *Gescho sôgwa*. Esquisses de Ghescho. Quatre-vingt-six pages d'illustration en couleurs, motifs variés.

Nagoya. 2 volumes. 0,22 × 0,15.

Kinnrinn

654. — Cinquante-une pages d'illustration en couleurs. Études de liserons.

1817. 2 vol. 0,22 × 0,15.

655. — Quarante-une pages d'illustration en couleurs. Poésies sur les liserons.

1819. 2 vol. 0,18 × 0,11.

Ki-itchi.

656. — *Seiro Manrokou*. — L'art de la fleur du dessin. Cinquante-deux pages d'illustration. Reproduction de peintures et d'objets d'art anciens.

1825. 2 vol. 0,27 × 0,18.

Fragment de page tiré du n° 691.

Ogata Kôrin[1].

657. — *Kôrin hiakouzou*[2]. — Cent dessins de Korin. Soixante-dix-sept pages d'illustration. Reproductions de kakémono, d'éventails et de paravents.

1815, Yédo. 2 vol. 0,26 × 0,18.

---

[1] (1661-1716) Les écoles Tosa et Kano se réclament toutes deux comme initiatrices de son talent. Il est plus directement élève de Honami Kôyetsu. N'a pas travaillé pour la gravure. Les livres renfermant des compositions de Kôrin sont des compilations posthumes, dues à des disciples ou à des admirateurs de l'artiste.

[2] Le peintre Hoïtsu, qui composa cet ouvrage, écrit à la fin du 2° volume ce qui suit : « En ce 2° jour du 6° mois de l'année Bounkwa XII (1815) qui est le centenaire de la mort de Kôrin, j'ai réuni certaines œuvres de cet artiste possédées par les amateurs, afin de célébrer son talent. J'ai reproduit cent de ces œuvres et les ai imprimées pour en propager le souvenir. »

658. — *Kôrin hiakouzou kôhén*. — Supplément de cent dessins de Kôrin. Soixante-treize pages d'illustration. Reproductions de kakémono et de paravents.
1826, Yédo. 2 vol. 0,26×0,18.

659. — *Korin gwachiki*. — Style des dessins de Kôrin. Cinquante-six pages d'illustration en couleurs. Personnages, fleurs et animaux.
1818, Kioto. 1 vol. 0,25×0,18.

660. — *Kôrin shinsén hiakouzou*. — Cent dessins de Kôrin, nouveau choix. Cent dix pages d'illustration. Reproductions de kakémono, de paravents, d'éventails, de boîtes en laque et de robes.
1864, Yédo. 2 vol. 0,26 × 0,18.

661. — Estampe en largeur. Hoche queue sur tronc de cerisier.

662. —— Colin-Maillard.

663. —— Le vieux couple de Takasago.

664. —— Yébissou et Daïkokou, se disputant Okamé.

Kounimassa.

665. — Estampe en hauteur. Grand buste d'acteur en robe à carreaux de couleurs vives.

666. —— Buste d'une guerrière.

667. —— Buste d'acteur au nez crochu, en costume de tons clairs.

668. —— Buste d'un acteur, en femme coiffée d'un large foulard et vêtue d'une robe de gaze noire à dessous rouge.

669. —— Buste d'un acteur en femme à menton pointu, sa robe noire pointillée de blanc.

670. —— Buste d'un acteur, en femme vêtue d'une robe rose.

671. — Panneau composé de trois estampes en hauteur, représentant des bustes d'acteurs, le personnage central sous les traits d'une femme.

N° 757.

658. — Kôrin hyakouzou kôhen. — Supplément de cent dessins de Kôrin. Soixante-treize pages d'illustration. Reproductions de kakémonos et de paravents.

1826, Yedo. 2 vol. 0.26 — 0.18.

659. — Kôrin gwashiki. — Styles et dessins de Kôrin. Cinquante-six pages d'illustration en couleurs. Personnages, fleurs et oiseaux.

1818, Kioto. 1 vol. 0.25 — 0.18.

660. — Kôrin shinsén hiakouzou. — Cent dessins de Kôrin, nouveau choix. Cent dix pages d'illustration. Reproductions de kakémonos, de paravents, d'éventails, de boîtes en laque et de robes.

1864, Yedo. 2 vol. 0.26 — 0.18.

661. — Estampe en largeur. Roche, queue sur tronc de cerisier.

662. — Colin-Maillard.

663. — Le vieux couple de Takasago.

N° 737.

664. — Yébissou et Daïkok-ou, se disputant Okamé.

Kounimassa.

665. — Estampe en hauteur. Grand buste d'acteur en robe à carreaux de couleurs vives.

666. — Bu...

667. — ... une de tons...

668. — ... large fond ... et vêtue d'une robe de gaze noire à ...

669. — ... pointu, sa robe noire pointillée de blanc.

670. — ... robe rose.

671. — ... hauteur, représentant ... bustes d'acteurs, le personnage ...

DIVERS 83

Kaboukidô In-kiô.

671 bis. — Estampe en hauteur, représentant un buste d'acteur, un éventail à la main.

Katsukawa Shunzan[1].

672. — Triptyque. Trois groupes de personnages en promenade dans une vaste avenue de temple bordée de cerisiers roses.

673. — Deux estampes en hauteur, chacune d'un guerrier à cheval.

Katsukawa Shuntei[2].

674. — Deux estampes en hauteur, chacune d'un guerrier à cheval.

Katsukawa Shuntcho[3].

675. — Triptyque. En avant d'une vaste pleine de rizières divisées en rectangles, sont représentées des dames de la ville, un jeune promeneur et une porteuse de baquets.

676. — Sur les planches d'un embarcadère, un groupe de femmes attend l'accostage de plusieurs grandes barques remplies d'une autre société nombreuse de femmes.

677. — Villégiature d'automne sous les érables rouges. Au premier plan plusieurs sociétés s'installent sur des tapis en composant des poésies, le pinceau à la main. Au loin, sur des collines verdoyantes, s'aperçoivent d'autres promeneurs.

678. — Promenade, au pre-

Fragment de page tiré du n° 696.

[1] Élève de Shunsho.
[2] Élève de Shunyei.
[3] Élève de Shunsho et de Kiyonaga.

Fragment de page tiré du n° 700.

mier jour de l'an dans la grande avenue du quartier Yochiwara. Impression à dominante de lilas et gris.

679. — Diptyque. Jour de fête dans une cour de temple ; au premier plan, le péristyle avec plusieurs groupes de personnages ; plus loin de petites figures, déambulant dans les avenues.

680. — Format en hauteur. Trois jeunes dames et un enfant groupés autour d'un banc, au bord d'un étang sous des branches de saule.

681. —— Servante d'auberge parlant à deux jeunes hommes assis au-devant d'une tchaya (maison de thé).

682. —— Deux jeunes femmes, cheminant à l'ombre des cryptomérias, suivies d'un porteur de bagages.

683. —— Groupe de trois dames, dont deux assises sur un banc, sur le pré vert d'un jardin public.

684. —— Dans la campagne, une jeune fille cherche à déterrer un arbuste fleuri, à la lueur d'une lanterne que tient son amie, pendant que lui parle une autre dame, debout auprès d'elle.

685. —— Promenade sur la digue, de trois dames accompagnées par un jeune homme.

686. —— Enfant chevauchant un grand cheval brun sur la route du Foujiyama, escorté d'une jeune femme et du palefrenier qui tient la bride.

687. —— Groupe composé de trois dames avec des raquettes, accompagnées d'une fillette.

688. —— Deux estampes en hauteur.
    a. Groupe de trois jeunes dames dans un parc vallonné, fleuri de hautes herbes.
    b. Trois dames et fillettes devant une volière remplies de cigognes.

689. — Petite estampe en hauteur. Trois jeunes filles appuyées sur la balustrade d'un balcon.

690. — Trois estampes en hauteur. Promenade sous des guirlandes de lanternes et de banderolles.

Pages tirées du n° 700.

690 *bis*. — Double format hossoyé. Deux enfants debout, de chaque côté d'une très grosse boule de neige.

691. — *Yèhon chiyoaki*. — Le livre des quatre images d'automne. Treize pages d'illustration. Les plaisirs de la ville d'Yédo.

Vers 1790, Yédo. 1 vol.

692. — *Yehon momiji-no-hachi*. — Livre du pont aux érables. Quatorze pages d'illustration. Scènes dans Yédo.

Vers 1790, Yédo. 1 vol. 0,23 × 0,13.

693. — *Sakayé goussa*. — Les herbes fortunées. Vingt-six pages d'illustration en couleurs. Le mariage d'une jeune femme.

1790, Yédo. 1 vol. 0,23 × 0,13.

694. — Ouvrage érotique en trois volumes, contenant quarante-huit pages d'illustration en noir accompagnées de pages de texte. 0,22 × 0,16.

695. — Album de vingt-quatre planches érotiques en couleurs. Larg. 0,16 1/2. Haut. 0,11.

Toriyama Sékiyén[1].

696. — *Gwato hiakki tsouré boukouro*. — Le sac aux dessins de cent choses, pendant les heures d'oisiveté. Quarante-trois pages d'illustration. Apparitions de monstres.

1805, Yédo. 2 vol. 0,22 × 0,16.

Kitagawa Outamaro[2].

697. — *Waya Yébissou*. — Poésies japonaises sur Yébissou. (Le nom de Yébissou symbolisant ici les classes vulgaires de la population japonaise.) Cinq planches doubles en couleurs, représentant les fêtes du premier jour de l'an.

1786, Yédo. 1 vol. 0,25 × 0,19.

698. — *Ghin sekkaï*. — La nature argentée. Cinq planches doubles en couleurs. Paysages de neige.

1790, Yédo. 1 vol. 0,26 × 0,19.

699. — *Foughen-zô*. — L'Éléphant de Foughen (titre purement allégorique). Cinq planches doubles en couleurs. Les fleurs du printemps.

1790, Yédo. 1 vol. 0,25 × 0,18.

700. — *Seirô yéhon nenju ghiôji*. — Annuaire des maisons vertes. Trente-huit pages d'illustration en couleurs. Les fêtes mensuelles au Yochiwara.

1804, Yédo. 2 vol. 0,22 × 0,15.

701. — *Gwahon mouchisén*. — Album d'insectes. Dix-huit pages d'illustration. Fleurs et insectes.

1821, Yédo. 1 volume de l'ouvrage en deux volumes d'insectes publiés en 1788 sous le titre : *Yéhon mouchi yérabi*. 0,26 × 0,18.

702. — Album érotique, composé de dix grandes planches en couleurs. Larg. 0,38 ; haut. 0,26.

703. — Une estampe érotique en couleurs. Larg. 0,37 ; haut. 0,27.

704. — Douze estampes érotiques en couleurs. Larg. 0,36 ; haut. 0,24.

705. — Dix estampes érotiques en couleurs. Larg. 0,36 ; haut. 0,24.

---

[1] Maître d'Outamaro.
[2] (1753-1805) Élève de Toriyama Sékiyén.

N° 762

Toriyama Sékiyén.

696. — *[...]* — [...] sur les dessins de cent choses, [...] hommes d'[...] [...]ration. Apparitions de monstres.
1805, [...]

Kitagawa Outamaro.

697. — *Waga Yé[...]* — [...]aponaises sur Yébissou. Le nom de Yébissou [...] sant ici les choses [...] [...]parition japonaise. Cinq planches doubles en [...] représentant les fêtes [...] [...] de l'an.
1786, Yédo, 1 vol. 0.25 × 0.19.

698. — *Ghin sekkaï.* — La nature argentée. Cinq planches doubles en couleurs. [...] de neige.
1790, Yédo, 1 vol. 0.26 × 0.19.

699. — *Fonghen-zô.* — L'Éléphant de Fonghen (titre purement allégorique). Cinq [...] doubles en couleurs. Les fleurs du printemps.
1790, Yédo, 1 vol. 0.25 × 0.18.

700. — *Seirô gekkou nênjû giôji.* — Annuaire des maisons vertes. Trente-huit pages [...]tration en couleurs. Les fêtes mensuelles au Yoshiwara.
1804, Yédo, 2 vol. 0.22 × 0.15.

701. — *Gwahon mushizén.* — Album d'insectes. Dix-huit pages d'illustration. Fl[...] insectes.
1821, Yédo, 1 volume de l'ouvrage en deux volumes d'insectes publiés en [...] sous le titre : *Yéhon mushi gérabi*. 0.26 × 0.18

702. — Album érotique, composé de dix grandes planches en couleurs. Larg. 0.[...] haut. 0.26.

703. — Une estampe érotique en couleurs. Larg. 0.37 ; haut. 0.27.

704. — Douze estampes érotiques en couleurs. Larg. 0.36 ; haut. 0.24.

705. — Dix estampes érotiques en couleurs. Larg. 0.36 ; haut. 0.24.

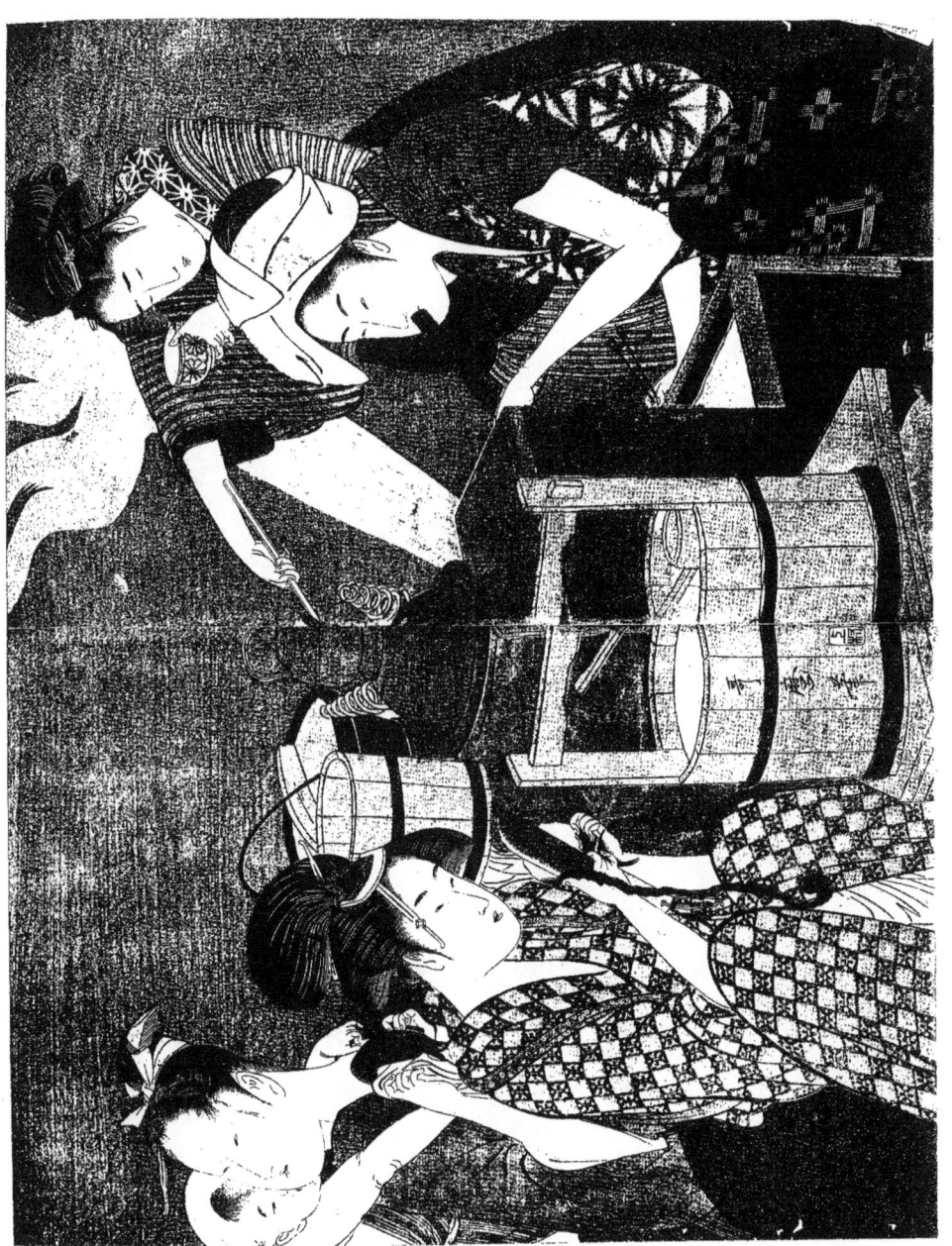

706. — Sept estampes érotiques. Larg. 0,67; haut. 0,11.

707. — Trois estampes en largeur, représentant des couples d'amants.

708. — Estampe en largeur. Faisans et boche-queue sur terrain rocheux.

709. —— Voyageurs mesurant un gros tronc d'arbre.

710. ——— Chevaux gambadant.

711. — Estampe en hauteur. Faucon sur prunier.

712. — Bourriche de chrysanthèmes et papillon.

713. — Tigre sous un bambou. Impression noire.

714. — Triptyque. Le nettoyage, au matin, d'une maison de Yochiwara. Dans le tohu-bohu général des domestiques et servantes bousculant les paravents, époussetant murs et plafond, lavant le plancher ou pourchassant la fuite des rats délogés, trois femmes emportent à bras le corps un jeune convive attardé au delà de l'heure.

715. —— Même composition que précédent numéro ; autre tirage.

716. —— La cueillette des kaki. Au centre, un jeune homme, grimpé au tronc de l'arbre, tend une tige de fruits mûrs à des dames. Le groupe de gauche attire les branches au moyen d'un long bâton, tandis que sur la droite une fillette est montée sur les épaules d'une amie, à côté de laquelle une autre jeune femme remplit les paniers.

N° 722

717. — Triptyque. Taïkosama, festoyant au centre d'une nombreuse société féminine, sous les cerisiers en fleur, à l'abri de somptueuses tentures de soie [1].

718. —— Une princesse, entourée de ses femmes, descend de sa voiture de voyage.

719. —— Derrière les mailles d'un filet tendu par un pêcheur apparaît, comme à travers un fin grillage, un bateau de plaisance, tout rempli d'une gaie société de femmes à qui un jeune homme offre une coupe de saké. Au centre, la figure du batelier, assis sur le toit de la barque, domine la composition, qui se complète à droite par quelques jeunes personnes tout extasiées devant un baquet déjà plein de poissons.

720. — Diptyque, présentant deux jeunes couples en promenade sur la digue d'Yédo, derrière laquelle émerge un toriï de temple parmi des pruniers fleuris.

721. —— Princesse entourée de ses femmes, descendant du somptueux char de laque qui l'amena sous les cerisiers en fleur.

722. — Estampe, format kakémono. Partie de pêche à deux. Dans un bateau, arrêté sous une pile de pont, une jeune femme, debout, décroche du bout de sa ligne un petit poisson, tandis que le buste de son cavalier, penché par-dessus bord pour rincer une coupe à saké, se reflète dans l'eau.

723. — Estampe bossoyé. Impression en grisaille. Fantôme aux cheveux flottants.

724. — Estampe en hauteur, format étroit. Jeune couple en promenade sous un parapluie.

725. —— Jouvenceau enlacé par une jeune femme pendant qu'il ferme son parapluie.

726. — Onze estampes en hauteur. Série de la préparation de la soie.

727. — Estampe en hauteur. Buste de Yama ouwa, ses longs cheveux déroulés, donnant à téter au jeune Kintoki.

Estampe encadrée.

728. —— Buste d'une jeune femme, la chevelure défaite, les mains soulevant le nœud de sa ceinture.

729. ——— Sur fond micacé, une jeune femme à mi-corps, portant un écran. Elle est représentée la tête tournée à droite, le cou émergeant d'une robe à collet rose, que recouvre un surtout de gaze noire.

730. ——— Même composition que le numéro précédent, dans un autre tirage.

[1] Allusion aux mœurs relâchées auxquelles se livrait la cour du Shôgoun Iyénari, contemporain d'Outamaro, qui fut mis en prison pour avoir osé cette composition.

N° 766.

Diptyque [...] debout au centre d'une nombreuse société féminine, [...] somptueuses tentures de soie.

[...] Une princesse [...] de ses femmes, descend de sa voiture de voyage.

[...] Derrière les [...] filet tendu par un pêcheur apparaît, comme à travers [...] un bateau [...] rempli d'une gaie société de femmes à qui un [...] offre [...] sans doute la figure du batelier, assis sur le toit de la barque, domine la [...] complète à droite par quelques jeunes personnes [...] extasiées devant un [...] de poissons.

729. — Diptyque, [...] deux jeunes [...] en promenade sur la digue d'Yédo derrière laquelle émerge [...] un toit de temple parmi des pruniers en fleurs.

721. — Princesse entourée de ses femmes, descendant du somptueux char de laque [...] l'amène sous les cerisiers en fleur.

722. — Estampe, format kakemono. Partie de pêche à deux. Dans un bateau, arrêté sous une pile de pont, une jeune femme, debout, décroche du bout de sa ligne un petit poisson, tandis que le buste de son cavalier, penché par-dessus bord, pour élever une coupe à saké, se reflète dans l'eau.

723. — Estampe bossué. Impression en grisaille. Fantôme aux cheveux flottants.

724. — Estampe en hauteur, format [...]. Jeune couple en promenade sous un parapluie.

725. — Jouvenceau enlacé par une jeune femme pendant qu'il ferme son parapluie.

726. — Onze estampes en hauteur, série de la préparation de la soie.

727. — Estampe en hauteur. Buste de Yama [...] ses longs cheveux déroulés, donnant à [...] la jeune Kioťoki.

Estampe encadrée.

728. — Buste d'une jeune femme, la chevelure défaite, les mains soulevant le nœud de sa ceinture.

729. — Sur fond micacé, une jeune femme à mi-corps, portant un écran. Elle est représentée la tête tournée à droite, le cou émergeant d'une robe à collet rose, que recouvre un surtout de gaze [...].

730. — Même composition que le numéro précédent, dans un autre tirage.

[...] contemporain d'Outamaro, qui fut [...]

731. — Estampe en hauteur. Sur fond micacé, est figurée à mi-corps une servante portant un bol sur présentoir. Le corps, de profil à gauche, est ceint d'un obi noir sur robe bleutée à semis de paulownia.

732. ——— Sur fond micacé, trois portraits en bustes disposés en pyramide.

N° 786 b

733. — Estampe en hauteur. Même composition que le numéro précédent, dans un autre tirage.

734. ——— Sur fond rose micacé, le buste d'une femme en peignoir gris, la tête inclinée pour saisir une épingle fichée dans son grand chignon noir.

735. ——— Même composition que le numéro précédent, dans un autre tirage.

736. — Estampe en hauteur. Sur fond rose micacé se détache un buste de jeune fille, de profil à gauche, en costume de promenade à manteau lilas.

737. ——— Autre épreuve de la même composition.

738. ——— Buste d'une jeune femme en costume de sortie, la tête entourée d'une coiffe blanche, un éventail ouvert dans la main.

739. ——— Jeune femme, sa large ceinture verte tombant sur une robe de gaze noire. Elle se tient cambrée, les deux bras étirés, les mains réunies sur les genoux.

740. ——— Sur fond micacé, une femme en peignoir bleu entr'ouvert, examine dans un miroir, qu'elle tient en main, le laquage noir de ses dents.

741. ——— Sur fond micacé, une femme, représentée à mi-corps, la main gauche dans sa ceinture, fait, de sa main droite, le geste de compter du bout des doigts.

742. ——— Buste d'une servante portant une tasse de thé.

743. ——— Sur fond micacé, une figure de dame, à mi-corps, en surtout de gaze noire, roule, entre ses deux mains jointes, le manche abaissé d'un écran.

744. ——— Sur fond micacé, une jeune femme à mi-corps, serrée dans une large ceinture noire, lit un rouleau soulevé à hauteur des yeux.

745. ——— Sur fond micacé, les portraits de trois ghéchas célèbres, présentées en pyramide, à mi-corps, celle du milieu frappant d'un bâton sur une gourde.

746. ——— Sur fond micacé, une jeune femme en robe noire, vue à mi-corps, tient entre ses mains un rouleau déployé où se voit une peinture de chrysanthèmes.

747. ——— Sur fond micacé, le buste d'une femme tenant une pipe et regardant en arrière avec une inclinaison de tête.

748. ——— Sur fond micacé, un buste de jeune femme, serrant entre ses dents le bout d'une étoffe pour la plier.

749. ——— Sur fond micacé, le buste d'une femme en robe bleue, s'essuyant l'oreille.

750. ——— Buste d'une femme se nettoyant les dents, sa robe noire ouverte sur la poitrine.

N° 829.

736. — [...] buste de jeune fille [...]

[...]

— Buste d[...] costume [...] tête entourée d'une coiffe [...] en éventail ouv[...]

— Jeune femme, sa large [...] tombant sur une robe de gaze noire [...] cambrée, les deux bras [...] les mains [...] sur les [...]

— Sur fond micacé, une femme en peignoir bleu [...] vert, examine dans [...] en main, le loqua[...] de ses dents.

741. — Sur fond micacé [...] femme, représentée à [...] corps, la main gauche dans [...] bras [...] de sa main droite [...] de compter du bout d[...] doigts.

742. — [...] portant [...] tasse de thé.

N° 850.

743. — Sur fond micacé, une figure de femme, à mi-corps, en [...] de gaze [...] ronde, entre [...] mains jointes, le [...] l'abaisse [...] d'un écran.

744. — Sur fond [...] femme à mi-corps, serrée dans une large ceinture noire, lit une [...] des yeux.

745. — Sur [...] les portraits de trois gloires célèbres, présentées en pyramide, à [...] corps, celle du milieu frappant d'un bâton sur une coupole.

746. — Sur fond mi[...] femme en [...] à mi-corps, tient entre ses mains un rouleau déposé [...] peinture de chrysanthèmes.

747. — Sur fond mi[...] tenant une pipe et regardant en arrière avec une inclinaison de tête.

748. — Sur fond micacé, un buste de [...] serrant entre ses dents le bout d'une étoffe pour la plier.

749. — Sur fond micacé [...] une femme en peeble bleue, s'essuyant l'oreille.

750. — Buste d'une femme s[...] sa robe [...] ouverte sur la poitrine.

731. — Estampe en hauteur. Buste d'une femme cambrée en arrière, les seins débordant largement de son corsage ouvert.

752. ——— Le buste, en grande dimension, d'une jeune femme, la tête légèrement penchée en avant, la main droite soutenant son menton sous les plis de la manche.

753. ——— Buste de jeune fille, la tête vers la droite, la main tenant un écran décoré d'une tige de liserons.

754. ——— Buste de femme, de trois quarts à droite, la main rajustant une épingle de sa coiffure.

755. ——— Deux figures en buste. Jeune femme se retournant vers une fillette.

756. ——— Sur fond micacé, une jeune femme, vue à mi-corps, les cheveux retombant sur son peignoir bleu entr'ouvert, et tenant à la main une longue pipe.

757. ——— Buste d'une jeune femme s'essuyant l'oreille du bout de son peignoir que les plis, à décor de rosaces, disposent en forme d'une conque.

Partie du n° 798.

758. ——— Sur fond micacé, à mi-corps, est représentée une courtisane en manteau rose sur robe vert pistache, retournant la tête vers un enfant qui la suit.

759. ——— Sur fond micacé, une jeune femme en robe claire, entr'ouverte, tord une étoffe dans un avancement des bras, la tête retournée en arrière.

760. ——— Une dame, debout devant une moustiquaire sous laquelle un jeune fumeur est assis.

Partie du n° 799.

761. — Estampe en hauteur. Partie de composition. Société en villégiature aux bords d'un torrent dominé par une tchaya (maison de thé).

762. — Diptyque. La cuisine : Une jeune femme pèle une aubergine, tandis qu'une autre, derrière elle, essuie un bol de laque en se retournant vers son enfant qu'elle porte sur le dos. A droite, une troisième femme souffle dans un tube pour attiser la flamme, pendant qu'un jet de vapeur brûle le visage de sa voisine qui cherche à retirer la bouilloire du feu.

763. — Estampe en hauteur. Dans un vaste jardin, un jeune homme élégant est assis sur un banc, entouré de deux jeunes dames dont l'une, debout, tient une petite cage.

764. ——— Quatre jeunes femmes dans un kiosque sur les bords d'une petite rivière.

765. ——— Dame se faisant présenter un miroir par sa fillette.

766. ——— Mère allaitant son enfant devant un miroir, où se reflète le crâne nu du bébé.

767. — Estampe en hauteur. Courtisane assise sur un banc, entourée de trois autres femmes.

768. ——— Groupe de deux dames assises, regardant le décor d'une robe appendue à un porte-manteau.

769. ——— Deux feuilles de la série des heurés du Yochiwara :
  a. La diseuse de bonne aventure.
  b. Repos devant le brasero.

770. ——— Dame disposant des tiges de fleurs dans une jardinière.

771. ——— Un petit enfant couché à plat ventre et maintenu par sa mère regarde dans un miroir le reflet d'une grimace par laquelle une autre jeune femme l'amuse.

772. — Estampe en hauteur. Apprêts de sortie : Une servante passe son manteau à une dame très élégante ; une autre dame, déjà prête, s'accroupit devant une glace pour donner un dernier coup d'œil à sa toilette.

773. —— Une ghécha, quittant sa maison, se fait précéder par une femme portant sa lanterne et sa boîte d'instrument. Derrière elle, une servante finit d'arranger les plis de sa robe luxueuse.

774. —— Une jeune femme en peignoir se fait apporter le thé, pendant qu'une fillette l'évente de son écran.

775. —— Rêve de fortune. Une jeune femme dort, le visage à demi-voilé, derrière l'écran transparent qu'elle tient à la main. Dans le haut de la page est indiqué le songe, où elle se voit portée dans une riche chaise à porteur, entourée de tout un cortège de suivantes.

776. —— Essai de réconciliation. Une vieille femme, debout entre deux amants boudeurs, cherche à les ramener l'un vers l'autre.

777. —— Jeune fille en robe de gaze noire, tenant l'extrémité d'une ceinture rose. Derrière elle, une fillette ouvre une petite cage qu'elle tient en main.

778. —— Jeune femme serrant sur son cœur l'amant qu'une autre femme vient de lui ramener.

779. —— Jeune homme coiffant un vieillard en présence d'une amie.

780. — Deux estampes en hauteur : Musicienne. — Tireuse à l'arc.

781. —— Dames peignant des éventails. — Préparatifs pour la dictée d'une lettre.

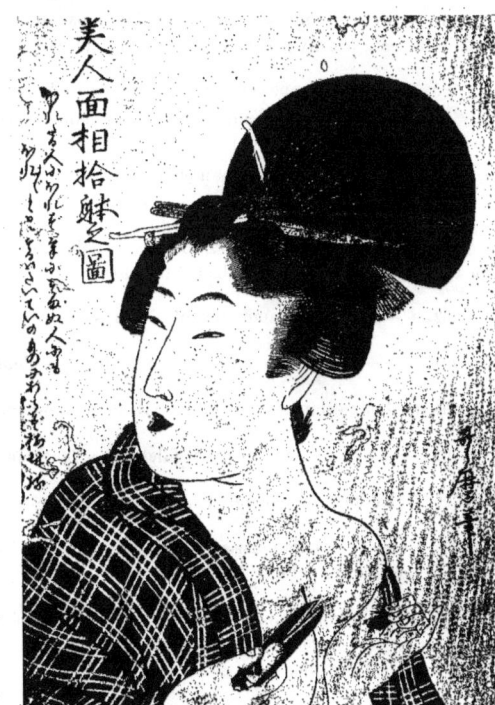

Partie du n° 799.

782. — Deux estampes en hauteur : Jeune tireur à l'arc. — Lecture d'une lettre.

783. ——— Couple de musiciens. — Dame et fillette à la poupée.

784. ——— Intérieurs de Yochiwara.

785. ——— Buveuse de saké. — Samouraï et jeune seigneur au faucon.

786. ——— *a*. Groupe de trois jeunes femmes à mi-corps.
b. Jeune femme aux attributs de Daïkokou, avec enfant; sujet en médaillon.

787. ——— Enfant musicien et enfant danseur. — Une poétesse.

788. — Estampe en hauteur. Soir de fête sur la Soumidagawa.

789. — Deux estampes en hauteur, offrant, par un groupe de trois personnages sur chaque feuille, la série des six poètes, transposés en figures féminines.

790. — Trois estampes en hauteur, de la série des scènes des Rônins transposées :
a. Jeune homme courbé devant une dame accroupie sur le seuil, une servante se tenant derrière elle.
b. Deux jeunes femmes nouant une résille remplie de fruits.
c. Marchande montée sur une malle.

791. — Estampe en hauteur. Courtisane, debout devant un personnage portant une barbe en collier, qui est assis sur un banc en fumant.

792. ——— Jeune femme attisant son brasero.

793. ——— Personnage enlaçant son amante qui pleure.

794. — Deux estampes en hauteur : Dame mettant son manteau. — Liseuse.

795. ——— Courtisane assise et fillettes. — Jeune femme serrant son manteau.

796. — Estampe en hauteur. Personnage caressant une jeune femme.

797. ——— Une dame, assise devant une table à écrire, se retourne pour parler à une jeune fille, debout derrière elle.

798. — Dix estampes petit format. Scènes à deux personnages ; dames avec enfants ou fillettes, se livrant à des occupations familières.
Lot à diviser.

799. — Deux estampes petit format : Bustes de jeunes femmes à leur toilette, l'une dévêtue, un linge à la main ; l'autre, en peignoir, se coupant les ongles.

N° 834.

— Jeune tireur à l'arc. — [...] d'une lettre.

— [...] et fillette à la [...]

785. — [...] jeune seigneur [...]

786. — [...]
    [...] enfants sujet en médaillon.

787. — Enfant [...]

788. — Estampe en hauteur. Soir de fête sur la Soumidagawa.

789. — Deux estampes en hauteur, offrant, par un groupe de trois personnages sur cha[que] feuille, la série des six poètes, transposés en figures féminines.

790. — Trois estampes en hauteur [...] des scènes des Rômiou transposées :
    a. Jeune homme [...] sur [...], une servante tenant derrière [...]
    b. Deux jeunes femmes [...]
    c. Marchande [...] sur une [...]

791. — Estampe en hauteur. Courtisane, debout devant un personnage portant une [...] en caillou [...] sur un banc en fumant.

792. — Jeune femme attisant son brasero.

793. — Personnage [...]

794. — Deux estampes en hauteur : Danse [...] manteau. — Liseuse.

795. — Courtisane assise et fillettes. — Jeune femme serrant son manteau.

796. — Estampe [...] une jeune femme

797. — [...] pour parler à une jeune fille, debout [...]

798. — [...] personnages [...] avec enfants ou fillettes, [...]

799. — [...] jeunes femmes à leur toilette, l'une vêtue [...] se coupant les ongles.

800. — Quatre estampes petit format : Bustes de jeunes femmes, l'une ajustant sa coiffure, les autres essuyant un peigne, se curant l'oreille ou apportant une coupe à saké.

801. — Deux estampes petit format, représentant chacune une jeune femme à mi-corps, l'une tenant un oreiller, l'autre faisant cuire un plat de légumes dans une poêle.

802. — Quatre estampes petit format. Bustes de femmes, allumant une lanterne, se fardant, se laquant les dents ou bâillant.

803. — Trois estampes petit format en largeur. Impression en noir ou en grisaille : Chute d'un cavalier. — Chevaux courant. — Paysage.

Hidémaro[1].

804. — Sourimono en largeur. Voyageurs cheminant sur la plage, en vue de l'île Yénochima.

805. — Petite estampe en hauteur. Temples sous la neige au bord de la Sumidagawa.

Tsukimaro[1].

806. — Grand sourimono en largeur, figurant un jeune prince, le pinceau à la main, étendu sur un tertre vert entouré de chrysanthèmes.

807. — Estampe en hauteur. Impression en noir. Coq et poule auprès d'un arbuste fleuri.

Partie du n° 801.

[1] Élèves d'Outamaro.

Shiko[1].

808. — Estampe en largeur, format étroit. Jeune couple au bord de la mer, en vue d'un îlot boisé.

809. — Deux estampes en hauteur. Jeunes couples en bateau.

Shutchô[2].

810. — Estampe petit format. Dame et fillette sous la neige, abritées par un vaste parapluie porté par un serviteur.

Tchôbounsai Yeichi[3].

811. — Diptyque. Sur les deux rives d'un cours d'eau sinueux, des jeunes de filles de la noblesse, se livrent, parmi la floraison des chrysanthèmes, au jeu poétique d'abandonner aux méandres d'un ruisseau des feuilles de plantes sur lesquelles elles ont tracé des vers.

812. —— Repas sous les cerisiers en fleur. Une société de dames élégantes est installée sur un tapis, à l'abri d'une tenture armoriée, au bord de la mer.

813. —— Réunion de jeunes dames devant une élégante villa, dans un parc arrosé d'un cours d'eau.

814. —— Estampe en hauteur. Liseuse accroupie.

815. —— Une poétesse debout, ouvrant son éventail.

816. —— Une dame disposant des fleurs dans un vase.

817. —— Bateaux de plaisance passant sous un pont. Fragment de composition.

818. — Deux estampes en hauteur, représentant des groupes de jeunes femmes, les unes en promenade sous les cerisiers, les autres groupées dans un jardin, autour d'un arbuste fleuri.

819. — — Chasse aux lucioles. — Promenade au bord de l'eau.

---

[1] Élève d'Outamaro.
[2] Élève de Bountcho ou de Yeichi.
[3] Sorti de l'école de Kano, où Mitchinobou fut son maître. Signa aussi du nom de Hoçoï.

Pages tirées du n° 901.

Shōkō

... estampe en lar... ... ... bord de la mer, en vue d'...
...

... Deux estampes ... ... bateau.

Shūchō

... — Estampe p... ... ... neige, abritées par un vaste p...
... ...

Tchoho ou Y Yasui

811. — Diptyque. Sur les deux rives d'... ... sinueux, des jeunes de fille de
la noblesse, se livrent, parmi la floraison des ... themes, au jeu poétique d'abandonner
aux méandres d'... ruisseau des feuilles de ... ... sur lesquelles elles ont tracé ...
vers.

812. — Repas sous les cerisiers en fleurs. Une société de dames élégantes est installée sur
... un tapis, à l'abri d'une tenture ... ... au bord de la mer.

813. — Réunion de jeunes dames devant une élégante villa, dans un parc arr... ...
cours d'eau.

814. — Estampe en hauteur. Liseuse accroupie.

815. — Une poétesse debout ... ... son éventail.

816. — Une dame ... ... fleurs dans un vase.

817. — Bateaux ... ... un pont. Fragment de composition.

818. — Deux est... ... ... des groupes de jeunes femmes ...
... en promenade ... ... rangées dans un jardin, autour d'un ar...
...

... — Chass... ... ... de ... bord de l'eau.

Fontainotto,
de Bunnichon ...
... cole de Ka... ... ... an de Hiroō.

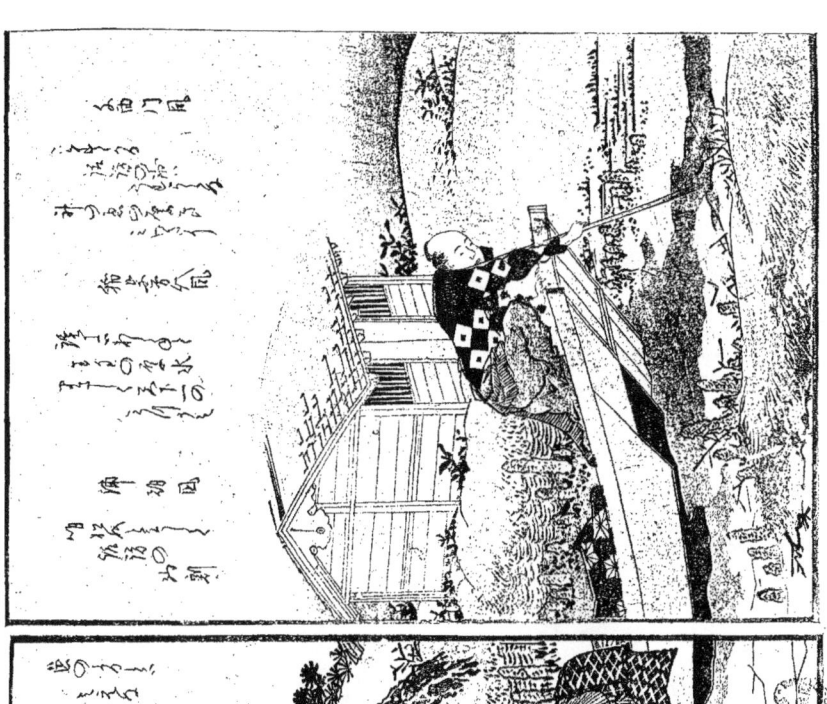

820. —— Estampe en hauteur. Visite aux cerisiers fleuris, au bord de l'eau.

821. —— Trois ghéchas devant les apprêts d'un souper.

822. —— Deux estampes en hauteur :
 a. Jeune seigneur au seuil de sa maison, à l'intérieur de laquelle se tiennent trois servantes.
 b. Jeune seigneur, au point de sortir ; deux dames lui présentent son chapeau et son vêtement de gala.

823. —— Deux estampes en hauteur :
 a. Promenade d'une courtisane sous les cerisiers, avec deux de ses femmes et une fillette.
 b. Sujet analogue.

824. —— Deux feuilles :
 a. Sortie du Yochiwara;
 b. Sujet analogue.

825. —— Estampe en hauteur. Promenade sous des glycines garnies de ballons lumineux.

826. —— Jeunes dames arrêtées sous l'auvent d'un jardin. Grisaille.

827. —— Dames élégantes naviguant au milieu d'un grand parc.

828. —— Jeune femme en costume de promenade. Impression sur fond d'argent.

829. —— Ghécha tenant les cordons d'un sachet. Impression sur fond d'argent.

Tchôkoçaï Yeichô[1].

830. — Format kakémono. Jeune femme assise, un écran à la main, devant une autre femme debout.

[1] Élève de Yeichi.

N° 802

831. — Triptyque. Jeu de colin-maillard.

832. — Estampe en hauteur. Groupe de trois dames, assises à l'ombre d'un pin.

833. — — Buste d'une jeune femme, retenant le collet de son manteau.

834. — — Buste d'une jeune femme, s'essuyant l'oreille du bout de son peignoir.

Yeiri[1].

835. — Estampe en hauteur. Portrait à mi-corps d'un poète, fumant devant sa table.

Rékicénté Yeiri[2].

836. — Estampe en hauteur. Poétesse au bord de la mer, abritée sous un grand parapluie par une suivante.

837. — — Voiture de princesse entourée d'une escorte.

838. — Estampe petit format. Deux femmes se promenant sur la digue à Yédo.

Yeisui[3].

839. — Deux estampes en hauteur. Bustes de femmes, l'une en peignoir, tenant un écran ; l'autre pliant une étoffe.

Gokiô[4].

840. — Estampe en hauteur. Courtisane en promenade en compagnie d'une de ses femmes et d'une fillette, par un temps de neige, un serviteur l'abritant sous un grand parapluie.

841. — — Promenade sous les cerisiers.

Tchôki[5].

842. — Estampe en hauteur. Deux jeunes promeneuses devisant, l'une remettant à l'autre une petite boule noire.

[1] Élève de Yeichi.
[2] Élève de Yeichi ou de Hasségawa Mitsunobou.
[3] Élève de Yeichi.
[4] Élève de Torigama Sékiyén.
[5] Élève de Séhiyén ; signe aussi *Yeichoçaï*.

Pages tirées du n° 903.

— Triptyque […]

832. — Estampe […] assises à l'ombre d'un pin.

833. — Buste d'une […] sur le collet de son manteau.

834. — Buste d'une […] essuyant l'oreille du bout de son peignoir.

Yeiri.

835. — Estampe en hauteur. […] poète […] devant sa table.

Rekisén Yeiri.

836. — Estampe en hauteur. […] abritée sous un grand parasol par une suivante.

837. — Voiture de princesse […] escorte.

838. — Estampe petit format. Deux femmes se promenant sur la digue à Yédo.

Yeisui.

839. — Deux estampes en […] en peignoir, tenant un écran, l'autre pliant une étoffe.

Gokió.

840. — Estampe en hauteur. […] promenade en compagnie d'une de ses femmes et d'une fillette, par un […] s'abritant sous un grand parasol.

841. — Promenade […]

Y. Saki.

842. — Estampe en hauteur. […] princesses de vis-à-vis, l'une remettant à l'autre […] de boule noire.

843. — Estampe en hauteur. Deux jeunes filles se promenant côte à côte.

Yeizan [1].

844. — Estampe format Kakémono. Jeune fille en robe claire, se promenant un cahier de papier à la main.

845. — Cinq estampes en hauteur, dont quatre représentent chacune une femme cheminant sous un parapluie dans la neige, et la dernière un jeune homme, à mi-corps, son éventail en main.

846. —— Groupes de femmes et d'enfants.

847. — Triptyque. Groupe familial sous les branches fleuries d'un vieux cerisier.

N° 856

848. — Album érotique, composé de onze grandes planches en couleurs. Larg. 0,36 ; haut. 0,25.

Yeizan et Divers.

848. — Onze feuilles érotiques en couleur. Larg. 0,37 ; haut. 0,26.

Koubo Shunman [2].

849. — Triptyque. Impression à dominante de gris et lilas. Une société de dames élégantes, en villégiature dans un site agreste arrosé par un sinueux ruisseau, rencontre des paysannes occupées à puiser de l'eau ou à battre du linge.

850. — Estampe en hauteur. Une jeune dame déterre un arbrisseau à la lueur d'une lanterne tenue par une amie. Une troisième dame, debout en face d'elle, lui donne des indications.

851. — Grand sourimono en largeur. Gerbe de fleurs.

[1] Élève de Yeichi.
[2] Élève de Shighemassa.

852. — Trois sourimonos en largeur. Groupes de personnages.

853. — Quatre sourimonos. Scènes à personnages.

854. — Trois sourimonos. Natures mortes et fleurs de lys.

855. — Sourimono. Aigle, debout sur une souche fleurie.

856. —— Vol de trois corbeaux devant le disque rouge de la lune.

857. — Deux petits sourimonos : Inro et statuette. — Châsse en forme d'un temple.

858. — Petit format étroit en hauteur. Jeune femme jouant avec un chat.

859. — Grand sourimono étroit en largeur. Trois poissons sur une coupe, devant une grande tige de fleurs.

860. — *Gojiu ninichû*. — Cinquante-un poètes avec une poésie de chacun. Quarante-huit pages d'illustration en couleurs. Portraits des poètes. Exemplaire portant le cachet de la collection Wakaï.

1801. 1 vol. 0,21 × 0,15.

Shinsaï[1].

861. — Huit estampes en largeur, donnant les huit vues du lac d'Omi ; *style hollandais*.

862. — Sourimono. Carpe jaillissant des flots d'argent.

863. —— Poisson de ton rouge, sur lequel est perché un petit garçon en bonnet de Yébisson.

864. —— Paravent à fond d'argent, offrant, comme décor, un cavalier et des fleurs.

Page tirée du n° 860

[1] Élève de Hok'saï du temps de la jeunesse de ce dernier.

865. — Sourimono. Deux crabes.

866. — Grand sourimono étroit en largeur. Paysannes au travail dans une rizière inondée.

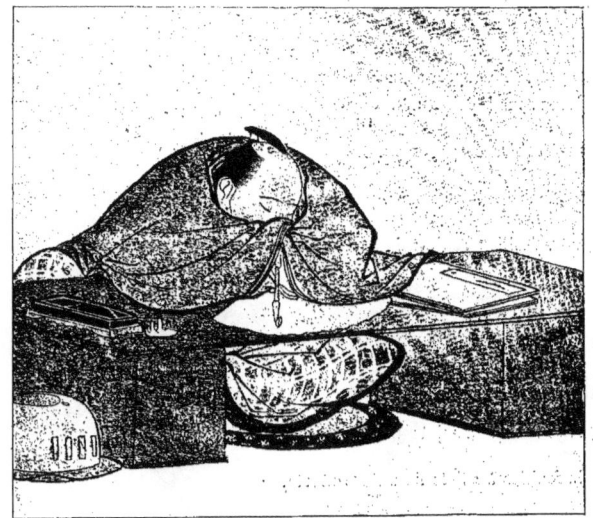

Page tirée du n° 860.

867. — Six sourimonos en largeur, à motifs de personnages.

868. — Six sourimonos en hauteur, à natures mortes.

869. — Quatre sourimonos en hauteur, à personnages.

870. — Dix sourimonos divers.

871. — Huit sourimonos. Sujets divers.

Divers Sourimonos.

872. — Groupe de tortues.

873. — Corbeau et héron auprès d'un ruisseau.

874. — Coq chantant.

875. — Deux feuilles :
    a. Vol de deux oies devant la lune.
    b. Vol irrégulier de trois petits oiseaux.

876. — Deux feuilles :
    a. Coq et poule auprès d'un tambour.
    b. Oiseau sous les fleurs.

877. — Deux feuilles de paysages.

878. — Cinq feuilles de paysages.

879. — Quatre feuilles à sujets de personnages.

880. — Deux feuilles à sujets de personnages.

881. — Cinq feuilles à sujets de personnages.

882. — Étui de pipe et pochette à tabac.

883. — Quatre feuilles à sujets de nature morte.

884. — Dix feuilles à sujets de nature morte.

Kwasan.

885. — Sourimono, représentant Okamé présentant, souriante, une branche fleurie.

Kihô[1].

886. — *Kihô gwafou*. — Album de Kihô, vingt-neuf planches doubles, en couleurs. Personnages, animaux, paysages.
    1824, 1 vol. 0,25×0,17.

O-ichi Matora[2].

887. — *Sôgwa kokoufou*. — Croquis de figures du pays ; trente pages d'illustration en couleurs. Scènes diverses et armées en campagne.
    1828, Osaka. 1 vol. 0,28×0,20.

---

[1] Gendre et élève de Boumpô.
[2] Mort en 1833.

Pages tirées du t. IX, n° 910.

875. — [...] fontant
876. — [...] feuilles
    a. Vol de deux [...]
    b. Vol irrégulier [...]

876. — Deux feuilles :
    a. Coq et poule [...] barbour.
    b. Oiseau sous les fleur[...]

877. — Deux feuilles de paysages.

878. — Cinq feuilles de paysages.

879. — Quatre feuilles à sujets de personnages.

880. — Deux feuilles à sujets de personnages.

881. — [...] feuilles [...] de personnages.

882. — [...]

883. — [...]

884. — [...]

885. — [...] souriante, une branche fleurie

886. — [...] dix-neuf planches doubles, en couleurs
[...]

D. — Matora.

[...] du pays ; trente pages d'illustration [...]

888. — *Shinji Andô.* — Décors pour lanternes de temple, quarante pages d'illustration en couleurs. Scènes populaires.

1828, Yédo. 1 vol. 0,22 × 0,15.

Onichi Tchinnén[1].

889. — *Adzuma tébori.* — Les gestes d'Adzuma (Yédo), cinquante pages d'illustration en couleurs. Figures, animaux et plantes.

1829, Yédo. 1 vol. 0,28 × 0,18.

Page tirée du n° 860

890. — *Sônan gwafou.* — Album de Sônan. Quarante-huit pages d'illustration en couleurs. Personnages et animaux.

1835, Yédo. 1 vol. 0,17 × 0,19.

[1] Fils d'Onichi Keiçaï; élève de Tani Bountcho et de Nangakou.

891. — *Kinntchô gwafou.* — Album de Kinntchô. Cinquante pages d'illustration, teintées. Croquis divers.

1834, Osaka, 2 vol. 0,25 × 0,18.

Marouyama Okio [1].

892. — *Okio gwafou.* — Album d'Okio, soixante-quatre pages d'illustration, teintées. Animaux, paysages et figures.

2 vol. 1837. 0,26 × 0,18.

Okada Kanrinn [2].

893. — *Kanrinn gwafou.* Album de Kanrinn, quatre-vingt-six pages d'illustration, teintées. Oiseaux et plantes.

2 vol. 1842. 0,28 × 0,18.

Divers.

894. — Cinq volumes arrangements de fleurs, dont un ouvrage en trois volumes. Deux cent soixante-deux pages d'illustration.

5 vol. 0,23 × 0,15.

Katsuchika Hok'saï [3].

895. — *Yéhon Adzuma assôbi.* — Livre des promenades dans Adzuma (Nom poétique pour Yédo). Trente pages d'illustration. Vues pittoresques d'Yédo et de sa vie populaire, mélangées de poésies.

Sign. *Hok'saï*.

1799, Yédo. 2 vol. 0,26 × 0,17.

896. — Même ouvrage, tirage en couleurs, avec addition de planches nouvelles et suppression du texte,

1802, Yédo. 3 vol. 0,26 × 0,17.

897. — *Tôto meicho itchiran.* — Coup d'œil sur les endroits célèbres de Tôto (Yédo). Quarante pages d'illustration en couleurs. Vues animées d'Yédo.

1800, Yédo. 2 vol. 0,25 × 0,17.

---

[1] 1733-1895. Fondateur de la célèbre école de *Shijo* à Kioto. N'a pas travaillé pour la gravure : le présent volume représente une compilation posthume.

[2] École chinoise.

[3] 1760-1849. Élève de Shunsho.

898. — *Itako bouchi.* — Les chansons d'Itako. Trente-deux pages d'illustration en couleurs, relatives à des chansons de ghéchas.

1802, Yédo. 2 vol. réunis 0,19 × 0,13.

899. — *Yéhon Tchiuchingoura.* — Le livre des fidèles vassaux. Vingt-huit pages d'illustra-

N° 875 a

tion en couleurs, tirées du roman sur l'histoire des quarante-sept Roninn. A la fin de chaque volume se trouvent des djôrori (poésies chantées avec accompagnement de chamicén) composées par *Sakouragawa Jihinari*.

Sign. *Hok'saï Tokimassa*.

1802, Yédo. 2 vol. 0,21 × 0,15.

900. — *Yehon Ogoura hiak'kou.* — Livre des cent poésies kou [1] d'Ogoura [2]. Vingt-six pages

[1] Kou est le nom d'un genre de poésies à strophes brèves.
[2] Nom de la montagne près de Kioto où Teika composa le recueil des cent poètes.

d'illustration en couleurs. Motifs variés divisant perpendiculairement chaque page en deux parties égales.

Sign. Hok'saï Tatsumassa.

1803, Yédo. 1 vol. 0,21 × 0,15, manquent les douze premiers feuillets et les pages de texte de la fin.

901. — *Yéhon kiôka yama mata yama*. — Montagnes sur montagnes, livre illustré de poésies légères. Soixante pages d'illustration en couleurs. Scènes animées de la ville d'Yédo.

Sign. *Hok'saï*.

1804, Yédo. 3 vol. 0,25 × 0,16.

902. — *Yéhon Soumidagawa riôgan itchiran*. — Coup d'œil sur les deux rives de la Soumidagawa. Quarante-six pages de gravures en couleurs. Panorama des bords de la Soumida à travers la ville d'Yédo.

1806, Yédo. 3 vol. 0,26 × 0,18.

903. — *Hok'saï shashinn gwafou*. — Album de dessins pris sur le vif. Quinze planches doubles, en couleurs. Figures, animaux, fleurs et paysage.

1813. 1 vol. 0,25 × 0,17.

904. — *Djôrori zekkou*. — Chansons en rythme zekkou. Cinquante-six pages d'illustration. Scènes de théâtre.

Sign. *Katsuchika Hok'saï*.

1815, Yédo. 1 vol. 0,22 × 0,15.

N° 875 *b*

905. — *Santaï gwafou*. — Album des trois styles de dessin. Cinquante-six pages d'illustration, teintées. Croquis de personnages, de paysages, de fleurs et d'animaux.

1816, Yédo. 1 vol. 0,22 × 0,15.

906. — *Yéhon hayabiki*. — Répertoire rapide de dessins. Quatre-vingt-dix-huit pages d'illustration.

Sign. *Zén Hok'saï, Taïto*.

1er vol. 1817, 2e vol. 1819, Yédo. 2 vol. 0,18 × 0,13.

907. — *Dénchinn gwakio*. —

Pages tirées du n° 915.

[...] en couleurs. [...] perpendiculairement chaque page en deux [...]

Sign. Hok[...]

1803. Yédo. 1 vol. [...] manquent les douze premiers feuillets et les pages de texte de la fin.

901. — Yéhon kiōkū [...] — Montagnes sur montagnes, livre illustré de poésies légères. Soixante pages d'illustration en couleurs. Scènes animées de la ville d'Yédo.
Sign. *Hok'saï*.
1804, Yédo. 3 vol. 0,25 × 0,16.

902. — Yéhon Soumidagawa ryōgan [...] — Coup d'œil sur les deux rives de la Soumida-gawa. Quarante-six pages de gravures en couleurs. Panorama des bords de la Soumida à travers la ville d'Yédo.
1806. Yédo. 3 vol. 0,26 × 0,18.

903. — *Hok'saï shashinn gwafou*. — Album de dessins pris sur le vif. Quinze planches doubles, en couleurs. Figures, animaux, fleurs et paysages.
1813. 1 vol. 0,25 × 0,17.

904. — *Djōrori zekkou*. — Chansons en rythme zekkou. Cinquante-six pages d'illustration. Scènes de théâtre.
Sign. *Katsuchika Hok'saï*.
1815. Yédo. 1 vol. 0,22 × 0,15.

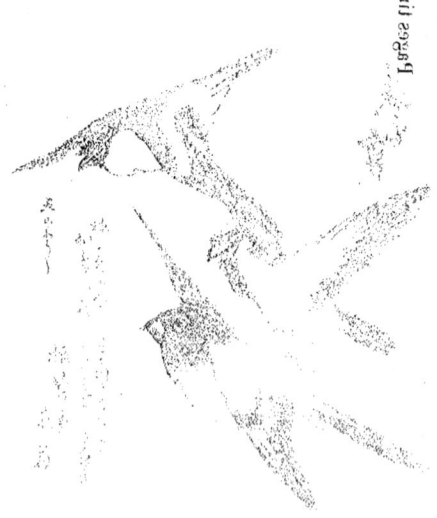

905. — *Santaï gwafou*. — Album des trois styles de dessin. Cinquante-six pages d'illustration, teintés. Croquis de personnages, de paysages, de fleurs et d'animaux.
1816, Yédo. 1 vol. 0,22 × 0,15.

906. — *Yéhon hayabiki*. — Répertoire rapide de dessins. Quatre-vingt-dix-huit pages d'illustration.
Sign. *Zen Hok'saï, Taïto*.
1er vol. 1817, 2e vol. 1819. Yédo. 2 vol. 0,18 × 0,13.

907. — *Dénchinn gwakio*. —

Miroir des dessins de l'âme. Cinquante pages d'illustration. Motifs variés comprenant des personnages, animaux, plantes, paysages, etc.

Sign. *Katsuchika Hok'saï* et ses élèves : *Ghek'koté, Bok'sen, Taïço, Hokouyo, Ghessaï Outamassa.*

1818, Nagoya. 1 vol. 0,25 ×0,17.

908. — *Yéhon riohitsu.* — Livre illustré par deux pinceaux. Vingt-huit pages d'illustration en couleurs. Paysages animés ; les paysages par *Riukôçaï*, les figures par *Hok'saï Taïto.*

1818, Nagoya. 1 vol. 0,27 ×0,18.

909. — *Hok'saï sôgwa.* — Dessins cursifs de Hok'saï. Cinquante-six pages d'illustration, teintées. Scènes à figures, paysages, fleurs, etc.

Page tirée du n° 889

Sign. *Katsuchika Taïto* et ses élèves : *Gek'kotei, Bok'sen, Taïço, Hokouyô, Ghessaï Outamassa.* 1 vol. 1820. 0,26 × 0,17.

910. — *Hok'saï Mangwa.* — Esquisses rapides de Hok'saï. Huit cent quinze pages d'illustration. Tirage à teinte rose, sauf le tome XII qui est tiré en noir.

1812-1849 [1], Yédo et Nagoya. 15 vol. 0,22 × 0,15.

911. — *Ippitsu gwafou* [2]. — Album de dessins d'un seul coup de pinceau. Cinquante-huit pages d'illustration. Esquisses de figures, d'animaux et de paysages.

1823, Nagoya. 1 vol. 0,22 × 0,15.

912. — *Tôchicén gwahon gogon ritsu.* — Choix de poésies chinoises à cinq caractères. Soixante-onze pages d'illustration. Scènes légendaires de la Chine ancienne.

Sign. *Sén Hok'saï, I-itsu Rôjinn.*
1833, Yédo. 5 vol. réunis 0,22 × 0,15.

[1] Excepté le t. XV qui est de publication posthume.
[2] La préface de l'Ippitsu gwafou explique que ce volume fut imaginé et commencé par *Foukouzensaï* et terminé par Taïto (Hok'saï)

913. — *Yéhon Tchiukio*. — Livre des exemples de fidélité envers le maître. Vingt-quatre pages d'illustration. Scènes héroïques.
    Sign. *Sén Hok'saï, I-itsu Rôjinn*.
    1834, Yédo. 1 vol. 0,22 × 0,15.

914. — *Yéhon kôkio*. — Livre des exemples de fidélité envers les parents. Vingt-sept pages d'illustration. Scènes héroïques et familières.
    Sign. *Sén Hok'saï, Man Rôjinn*.
    1850. 1 vol. 0,22 × 0,16.

915. — *Fougakou hiak'kei*. — Cent vues du pic Fouji. Cent cinquante pages d'illustration en tirage rosé.
    1834-35, Yédo. 3 vol. 0,22 × 0,15.

916. — *Yéhon Suikodén*. — Le livre de l'histoire de Suiko. Cinquante-neuf pages d'illustration, représentant des héros de la Chine ancienne.
    Sign. *Hok'saï aratamé, I-itsu*.
    1 vol. 0,23 × 0,15.

917. — *Yéhon tékinn ôraï*. — Education familiale. Cent quatre-vingts pages d'illustration, chacune accompagnée de texte. Personnages et motifs divers.
    Sign. *Zen Hok'saï, I-itsu*.
    3 vol. 0,22 × 0,15.

918. —— Neuf pages d'illustration en couleurs. Fleurs et oiseaux.
    Sign. *Ghetschi rojinn I-itsu*.
    1 vol. 0,22 × 0,16.

919. — *Odori hitori keiko*. — Etude de la danse sans maître. Soixante pages d'illustration. Mouvements et gestes de danseurs.
    1835. Réimpression de l'ouvrage original qui est de 1815.
    2 vol. 0,22 × 0,15.

920. — *Sénjimon*. — Mille caractères d'écriture. Cinquante-trois pages d'illustration sur la classique poésie chinoise composée de mille différents caractères.
    Sign. *Katsuchika sakino Hok'saï, I-itsu*
    Kioto, 1835. 1 vol. 0,22 × 0,15.

921. — *Banchokou zouko*. — Idées de modèles pour mille artisans. Soixante pages d'illustration. Motifs d'ornements pour laqueurs et ciseleurs.
    Sign. *Katsuchika Taïto*.
    1835, Osaka, 2ᵉ volume.

921 bis. — Même ouvrage. Soixante-une pages d'illustration. Modèles pour ciseleurs de gardes de sabres et pour dessinateurs.

4ᵉ volume.

Page tirée du n° 901

922. — *Tôchicén gwahon hitchigon ritsu.* — Choix de poésies chinoises à sept caractères. Soixante pages d'illustration. Scènes légendaires de la Chine ancienne.

Sign. *Gwakio Rôjinn.*

1836, Yédo. 4 vol. sur 5 (manque t. II) 0,22 × 0,15.

923. — *Chochokou yéhon chinnhina gata.* — Nouveaux modèles pour les divers artisans. Cinquante pages d'illustration. Modèles d'architecture.

Sign. *Zén Hok'saï I-itsu, aratamé Gwakio rojinn Man.*

1836, Yédo. 1 vol. 0,22 × 0,16.

924. — *Yehon Sakigaké.* — Les hommes forts comme des démons (à force surnaturelle). Soixante pages d'illustration. Actions héroïques.

    Sign. *Gwakiô Rôjinn Man.*
    1836, Yédo. 1 vol. 0,22 × 0,15.

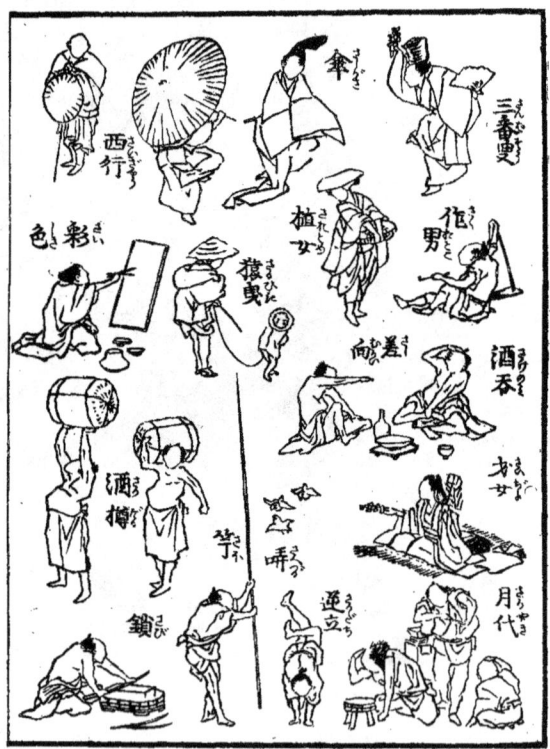

Page tirée du n° 906

925. — *Yehon Moussachi aboumi.* — Livre de l'étrier de Moussachi. Soixante-deux pages d'illustration. Actions héroïques.

    Sign. *Gwakiô Rôjinn Man.*
    1 vol. 0,22 × 0,15.

926. — *Yehon wakan homaré.* — Livre des gloires de la Chine et du Japon. Cinquante-huit pages d'illustration. Scènes héroïques, la dernière page représentant le célèbre Kamada

Pages tirées du n° 925.

…yōkō. — […] démons à force surnaturelle […]
[…]tration. A. […]
Sign. *Gwakiō Rōjin* […]
1836, Yédo, […]

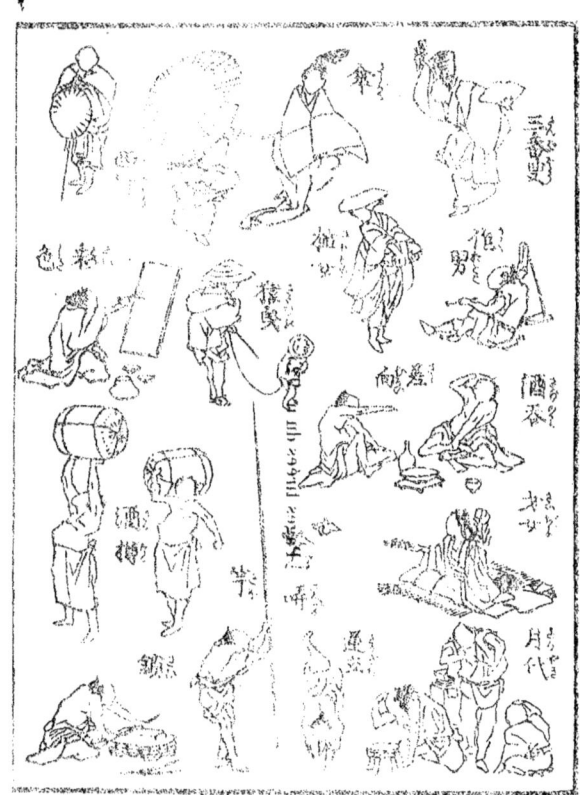

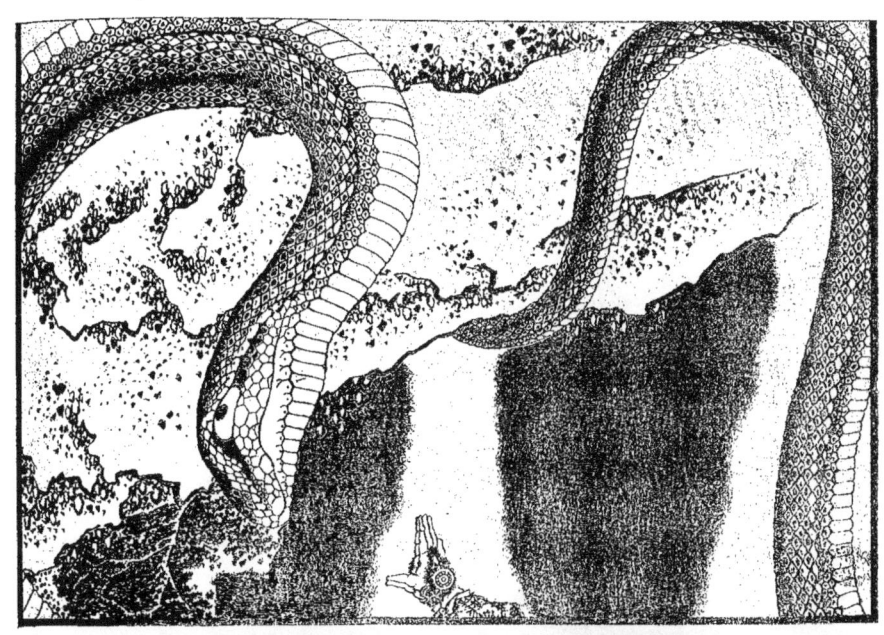
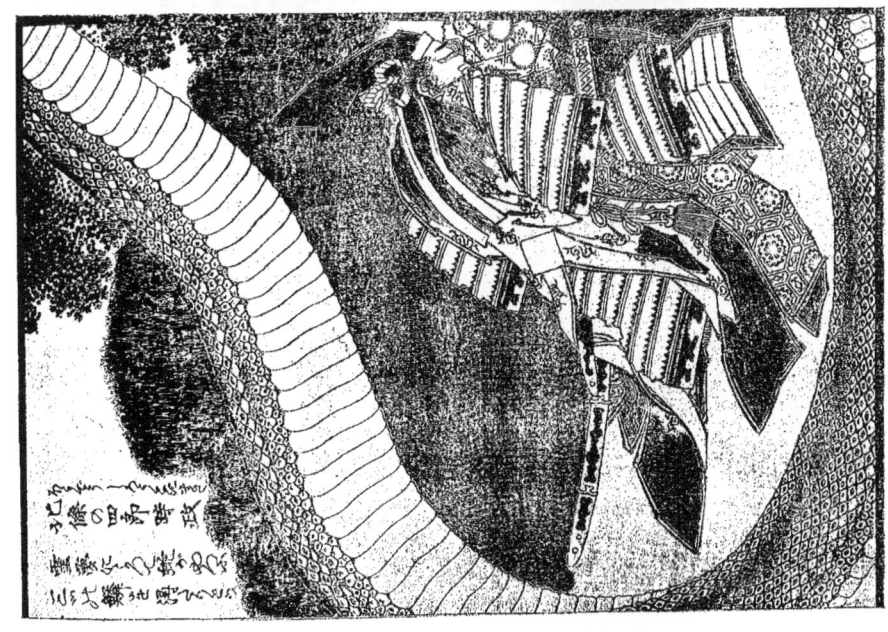

Page tirée du n° 909

Matahatchi, traçant de son pinceau, monté sur un faisceau de sapèques, le titre de l'ouvrage suivi de cette signature : *Sén Hok'saï aratamé, Gwakio Rôjinn Man, âgé de 76 ans*, ce qui place la composition du livre dans l'année 1835.

Date de l'édition : 1850. 1 vol.

927. — *Yéhon tsougokou sangokouchi*. — Histoire populaire des trois royaumes. Sept cent vingt-cinq pages d'illustration. Scènes des guerres chinoises qui eurent lieu sous la dynastie des *Han*.

Sign. *Katsuchika Taïto*.

1836, Osaka. 75 vol. 0,22 × 0,15.

928. — Cinq volumes d'illustration de divers romans. Cent quatre-vingt-huit pages.

929. — *Yéhon Saichiki tsou*. — Livre d'explications sur la couleur (pour chaque partie du dessin). Quatre-vingt-deux pages d'illustration. Motifs d'animaux, de fleurs, de personnages et d'ornements avec gestes des mains appliquant la couleur.

Sign. *Gwakio Rôjinn Man*.

1848, Kioto. 2 vol. 0,19 × 0,13.

930. — *Manji sohitsu gwafou*. — Album des dessins cursifs du vieillard Manji Hok'saï. Quarante-cinq pages d'illustration en couleurs. Motifs variés.

1 vol. 0,22 × 0,15.

931. — Même ouvrage en noir avec seize illustrations en moins.

Page tirée du t. VI du n° 910

932. — *Hok'saï gwafou*. — Album de Hok'saï. Cent seize pages d'illustration en couleurs. Réimpression de compositions tirées du *Gwachiki* et du *Sôgwa*.

1849, Nagoya. 3 vol. 0,22 × 0,15.

933. — *a*. Même ouvrage en tirage plus moderne, 1er volume seulement.

b. Même ouvrage, en tirage noir, 2e volume seulement.

934. — *Yehon onna imagawa*. — Morale à l'usage des femmes. Vingt-sept pages d'illustration en couleurs. Sujets sur l'histoire des femmes vertueuses ou héroïques.

Vers 1850, Yédo. 1 vol. 0,22 × 0,15.

935. — Même ouvrage ; tirage en noir.

937. — Hok'saï Mangwa. — Vol. 5, 9, 10, 11, 12, 13. Tirage moderne.

6 vol. 1878. 0,22 × 9,15.

938. — *Yehon Tôchicén gogon zekkou*. — Illustrations des poèmes à cinq caractères de la dynastie Thang[1]. Cent dix pages d'illustration.

Sign. *Zen Hok'saï I-istu*.

1880, Tokio. 2 vol. 0,23 × 0,16.

---

[1] Ouvrage dont les planches n'avaient pas été imprimées du vivant de Hok'saï et furent découvertes trente ans après sa mort.

939. — Ouvrage érotique en trois volumes, contenant quarante-huit pages d'illustration en couleur. 0,22 × 0,15.

Page tirée du t. VII du n° 910

940. — Album contenant douze planches en couleurs, tirées de la série des *Trente-six vues du pic Fouji*. Tirage moderne.

1 vol. 0,25 × 0,19.

941. — *Tokaïdo gojiusan tsuki*. — Les cinquante-trois stations du Tokaïdo. Cinquante-huit pages illustrées en couleurs. Tirage moderne.

1 album, 0,18 × 0, 15.

942. — Autre exemplaire du même ouvrage.

Page tirée du t. VIII du n° 910

943. — Estampe en hauteur. Deux jeunes filles représentées en buste ; l'une d'elles, munie d'un large parapluie ouvert sur l'épaule, l'autre regardant par une longue-vue.

Sign. *Kakô*.

944. — Estampe petit format. Jeune couple dans l'embrasure d'une fenêtre ouverte sur la campagne neigeuse.

Idem.

N.º 945 N.º 936

945. — Estampe étroite en largeur. Plaisirs de marée basse. Au fond d'une baie déchiquetée, sur le sable, des garçons et des filles ramassent des poissons, des moules et des coquillages.

Sign. *Sôri*.

Page tirée du t. XII du n° 910

946. — Dans une rizière comprise entre des bosquets et une haute digue, des laboureurs cultivent le champ; un autre paysan quitte le travail, son outil sur l'épaule, en traînant un petit garçon par le bras.

Sign. *Sôri*.

947. — Estampe en largeur. Visite aux iris. Sur de petits ponts en planches, jetés sur le marécage, des dames du monde sont venues arracher les tiges en fleur.
   Sign. *Sôri*.

948. —— Le bac. Un bateau de passage, rempli de personnages de toutes classes, traverse la Soumida, bordée d'arbres derrière la digue.
   Idem.

949. —— Sur les bords d'un ruisseau sinueux, sous un vieux cerisier en fleurs, des dames nobles sont venues en villégiature. Une fillette tend son écritoire à une poétesse, tandis qu'une servante installe un paravant.

950. —— Deux jeunes filles, suivies d'un garçonnet, traversent un pont en planches, tenant, chacune par un bout, une gaule à laquelle est suspendu leur bagage.

951. — Estampe basse en largeur. Passants populaires. Des horticulteurs portant des plantes, des palefreniers avec des chevaux, deux porteurs de meules, homme et femme; à droite, un vieillard avec enfant, une femme portant des roseaux passés dans le nœud d'un sac, et une jeune fille en promenade.

952. — Estampe en largeur. Sur la terrasse d'une villa, dont les pilotis plongent dans un étang aux rives boisées estompées par le brouillard, deux jeunes femmes et une fillette semblent fixer un point dans la distance.
   Sign. *Hiakourinn Sôri*.

953. —— Deux sourimonos en largeur.
   a. Musicienne somptueusement vêtue, à côté d'un jeune homme.
   b. Deux musiciennes.
   Sign. *Hiakourinn Sôri*.

954. —— Sourimono en largeur. Chevaux gambadant dans un pré.
   Sign. *Sôri*.

955. —— Deux jeunes femmes, représentées à mi-corps et suivies d'un porteur; l'une, vue de dos, parle à sa compagne, qui porte une paire de sandales à la main.
   Idem.

956. —— Sourimono en hauteur. Groupes de deux personnages à mi-corps. Une jeune dame conversant avec un Hollandais.

957. —— Deux seigneurs debout, sur la terrasse d'un kiosque bâti dans la rivière.

958. — Estampe en largeur. Une société d'humeur enjouée, se composant de femmes et

d'enfants, vient de traverser un pont jeté sur un tournant de rivière bordée de maisons de thé. Deux des jeunes femmes déambulent en balançant un paquet noué dans un foulard dont chacune tient un bout.

Sign. *Hok'saï Sôri.*

Page tirée du n° 944

959. — Grand sourimono en largeur. Promenade sur l'eau. Trois jeunes femmes font arrêter leur barque sous des cerisiers qui fleurissent au bord de la rivière. L'une cherche à en casser une branche, pendant qu'une autre, debout, maintient le bateau, au moyen d'une perche appuyée au fond de l'eau.

Idem.

960. — Estampe en largeur. Visite à la chaumière. Deux dames s'arrêtent devant un pont rustique conduisant à une maisonnette, pour parler à un groupe de paysans.

Sign. *Hok'saï Sôri.*

Page tirée du n° 915

961. — — Un bateau de passeur bondé de personnages de toutes classes, parmi lesquels un palefrenier avec son cheval embarqués à l'arrière.

Idem.

962. — — Deux teinturières tendent une ceinture sur une terrasse dominant le fleuve.

N° 1025.

Un enfant joue entre leurs jupes. Le long d'une perche, sur laquelle un oiseau s'est agrippé, sèchent des poissons.

Sign. *Sôri aratamé, Hok'saï.*

963. — Sourimono. Une joueuse de koto, assise sur le seuil d'un appartement se retourne vers un jeune homme qui l'écoute devant un jardinet couvert de neige.

Sign. *Aratamé Sôri, Hok'saï.*

964. — Estampe en largeur. Sur la plage d'une baie, en vue de l'île Yénochima, deux jeunes femmes causent à une fillette portant un petit bébé dans le dos et conduisant par la main son petit frère. Un porteur de ballots est arrêté auprès du groupe.

Sign. *Hok'saï Sôri.*

965. — Sourimono en hauteur. Passage de rivière par un bac rempli de voyageurs ; un petit garçon se penche par-dessus bord pour faire nager une tortue-jouet.

Sign. *Gangokousaï.*

966. —— Groupe de trois jeunes femmes en villégiature.

Sign. *Hok'saï.*

967. — Sourimono en hauteur. Figure de courtisane, à mi-corps, et sa suivante.

Sign. *Katsuchika Hok'saï.*

Page tirée du n° 924

968. — Deux sourimonos en largeur. Scènes d'intérieur.
   Sign. *Hok'saï*.

969. — Sourimono. Un sage, absorbé dans la lecture, est assis à une table, devant laquelle jouent des enfants que surveille une jeune femme.
   Idem.

970. — Grand sourimono en largeur, offrant la vue d'un bateau de passeur contenant des paysans accompagnés d'un cheval de bât chargé d'un fagot fleuri de branchettes.
   Idem.

971. —— Deux dames en villégiature, arrêtées devant une rizière. Un porteur de bagages s'accroupit pour allumer sa pipe.

972. —— Une maison de thé sur les bords de la mer. Sous la véranda, la servante d'auberge apporte à boire à un homme du peuple assis sur la banquette. Au dehors, vient d'arriver, montée sur un cheval, parmi la charge des bagages, une jeune dame du monde, escortée par des porteurs et conduite par un gamin qui se désaltère d'un bol de thé en tenant la bride du cheval.
   Sign. *Gwakiôjinn Hok'saï*.

973. — Sourimono en hauteur. Une branche de prunier en fleur.
   Idem.

974. — Deux sourimonos de paysages, dans un très délicat ton vert clair : Temples sur une colline boisée. — La rivière avec l'amorce d'un canal enjambé par un pont.
   Idem.

975. — Sourimono en hauteur. Scènes à trois personnages figurés à mi-corps. Deux jeunes femmes présentent à boire à un gros homme, porteur d'un grand sabre de cérémonie.
   Idem.

976. — Sourimono en largeur. Une dame, en riche costume, allongée sur le sol, se fait masser par une jeune personne.
   Idem.

977. —— Deux enfants chinois regardent des tigres traverser une rivière.
   Idem.

978. — Deux sourimonos : Deux jeunes femmes amusant un enfant. — Une jeune femme soulève une lanterne pour aider son amie à emmancher un chamicén.
   Idem.

N° 1034 *d*.

968. — Deux sourimonos en largeur. Scènes d'intérieur.
Sign. *Hok'saï*.

969. — Sourimono. Un sage, absorbé dans la lecture, est assis à une table, devant laquelle jouent des enfants que surveille une jeune femme.
Idem.

970. — Grand sourimono en largeur, offrant la vue d'un bateau de passeur contenant des paysans accompagnés d'un cheval de bât chargé d'un fagot fleuri de branchettes.
Idem.

971. — Deux dames en villégiature, arrêtées devant une rizière. Un porteur de bagages s'accroupit pour allumer sa pipe.

972. — Une maison de thé sur les bords de la mer. Sous la véranda, la servante d'auberge apporte à boire à un homme du peuple assis sur la banquette. Au dehors, vient d'arriver, montée sur un cheval, parmi la charge des bagages, une jeune dame du monde, escortée par des porteurs et conduite par un gamin qui se désaltère d'un bol de thé en tenant la bride du cheval.
Sign. *Gwa........ Hok'saï*.

973. — Sourimono en hauteur. Une branche de prunier en fleur.
Idem.

974. — Deux sourimonos de paysages, dans un très délicat ton vert clair : Temples sur une colline boisée. — La rivière avec l'amorce d'un canal enjambé par un pont.
Idem.

975. — Sourimono en hauteur. Scènes à trois personnages figurés à mi-corps. Deux jeunes femmes présentent à boire à un gros homme, porteur d'un grand sabre de cérémonie.
Idem.

976. — Sourimono en largeur. Une dame en riche costume, allongée sur le sol, se fait masser par une jeune personne.
Idem.

977. — Deux enfants .... regardent des tigres traverser une rivière.
Idem.

978. — Deux sourimonos .... jeunes femmes amusant un enfant. — Une jeune femme .... à emmancher un chamicén.
Idem.

979. — Deux sourimonos : Deux femmes se promenant avec un enfant. — Jeune fille, montrant un kakémono à une dame qui tient une paire de sabres.

Sign. *Gwakiôjinn Hok'saï.*

980. — Deux sourimonos : Une jeune fille occupée à dresser un arbre nain, se retourne vers une dame debout derrière elle. — Passants au bord de la Soumida.

Idem.

981. — Grand sourimono en largeur. Une cantine en laque est posée sur le sol, à côté d'un tapis roulé, de ton rouge, derrière lequel se dresse une grande branche de cerisier en fleur.

Idem.

982. — Grand sourimono en largeur. Un cavalier et son escorte passent sur une route en vue du mont Fouji.

Sign. *Hok'saï.*

983. — Sourimono en largeur. Une grande coupe remplie de friandises.

Sign. *Katsuchika Hok'saï.*

984. — Sourimono, offrant la vue d'un paysage, en style dit *hollandais*.

985. — Petit format. Enfant, faisant dada sur le dos de sa mère accroupie.

Sign. *Hok'saï*

986. — Estampes petit format. Trois feuilles, offrant chacune un groupe de deux poissons.

987. — Estampe en largeur. Bateau glissant dans le gouffre d'une vague énorme qui se creuse auprès d'une côte rocheuse. *Style hollandais.*

Page tirée du n° 930

988. — Un pont formé de deux pentes abruptes reliant des deux bords d'un canal qui débouche dans la baie d'Yédo. *Style hollandais.*

989. — Petite estampe en hauteur. Une des *Huit vues de Tôto*, dans la neige profonde. Temple sous les arbres auprès de la digue de la Soumida.

990. — Format en largeur. Deux vues de la capitale : Un étang environné de temples sous les arbres. — La rue des théâtres pleine de foule.

Sign. *Hok'saï.*

991. — Grande composition de cinq feuilles en hauteur, figurant l'intérieur d'une maison à Yochiwara, tout animée de femmes évoluant à travers les vastes salles. A gauche quelques ouvriers transportent des caissons ; des femmes gravissent un escalier conduisant à une soupente d'où d'autres femmes les interpellent. Un visiteur livre sa main aux soins d'un masseur, pendant qu'une servante apporte la boîte de gâteaux. Dans une niche, au-dessus du groupe, la chapelle domestique. A côté, des filles essuient les plateaux de laque et, tout à fait sur la droite, à l'extrémité de la cinquième feuille, se voit l'alignement des fourneaux en activité pour les apprêts du repas.

Sign. *Hok'saï*.

992. — Six estampes en hauteur, offrant chacune le portrait d'un des poètes légendaires. Série complète.

Sign. *Katsuchika Hok'saï*.

993. —— Estampe en largeur. Danse sur la terrasse.

994. —— Récolte du riz.

995. —— Voyageurs longeant une baie.

996. —— Même composition que précédent numéro ; autre tirage.

997. —— Travailleurs des champs dans la rizière.

998. —— Joueur de kôtô et passante.

999. —— Visite de prince aux plants d'iris.

1000. —— Visite aux iris en fleur ; dames et enfants.

1001. —— Plaisirs de marée basse.

1002. —— Bateau de plaisance sur la Soumida.

1003. —— Même composition que précédent numéro ; autre tirage.

1004. —— La fête des poupées.

1005. —— Paysan à cheval, traversant un pont rustique.

1006. —— Danse sacrée devant un prince.

1007. —— Visite aux glycines.

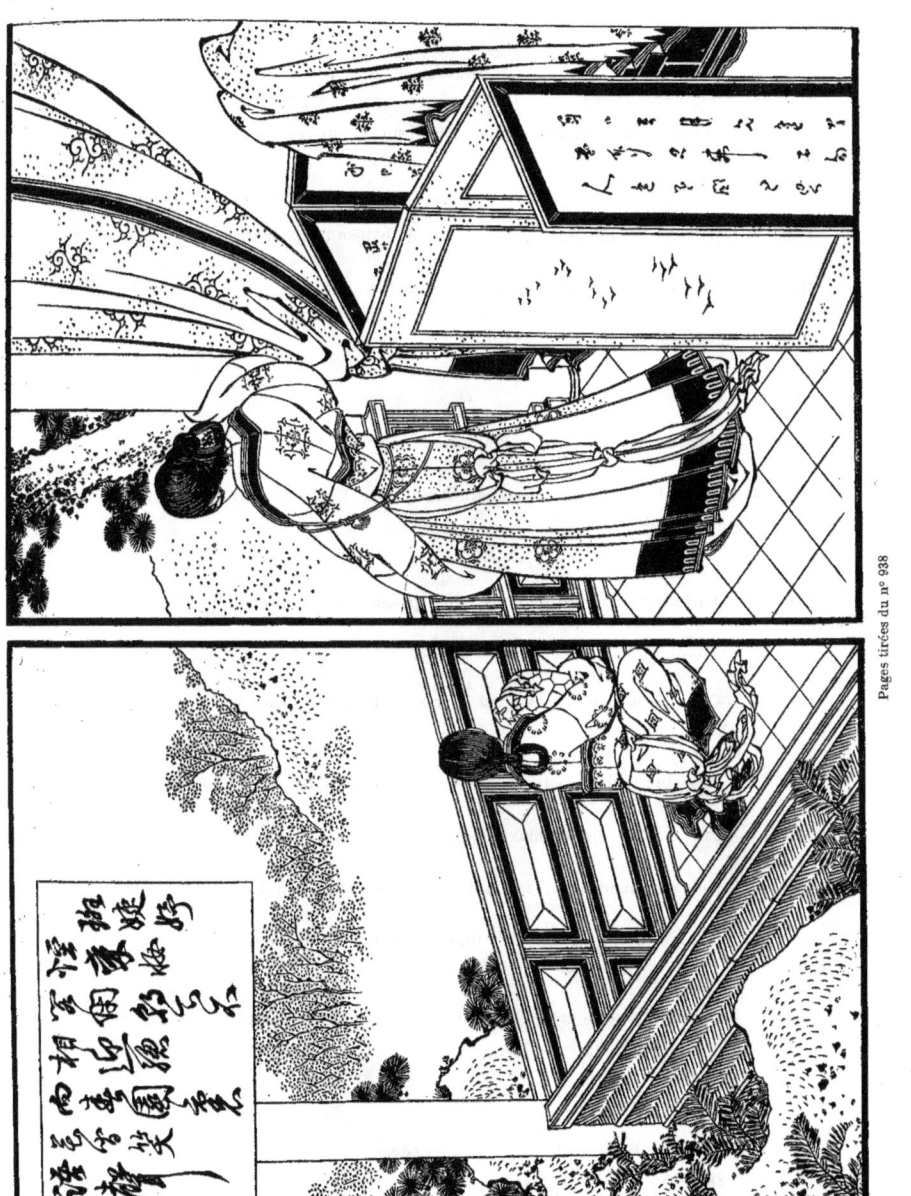

Pages tirées du n° 938

1008. — Estampe en largeur. Repos champêtre ; un enfant regarde dans une longue-vue.

1009. —— Tisseuses.

1010. —— Attente, sur un ponton, de l'arrivée du bateau de passage.

1011. —— Fabricants de terre cuite au bord de la Soumida.

1012. —— Préparatifs pour un repas sur l'herbe.

1013. —— Prunier et cigogne.

1014. —— Kintoki, jouant au cerf-volant avec les bêtes de la forêt.

1015. — Deux petites estampes en largeur. Caricatures : Façon exaspérée de piler la pâte de riz. — Armes domestiques.
   Sign. *Hok'saï*.

1016. —— Caricatures : La grenouille plus grosse que l'homme. — Le colimaçon effroyable.
   Idem.

1017. —— Caricatures : Les ordres du samouraï. — Pêcheur surpris par des tengou.
   Idem.

1018. —— Caricatures : Joies paternelles. — Poteau d'avertissement foulé aux pieds.

1019. —— Caricatures : Pose de moxa. — Repas comique.

1020. — Grand sourimono en largeur. Les deux rives de la Soumidagawa.

1021. — Estampe en largeur. Joueur de flûte sur un bœuf, traversant un pont rustique jeté sur un marécage fleuri d'iris. Estampe encadrée.

1022. — Petite estampe en largeur. Silhouette de cheval ; réserve blanche en fond noir.
   Sign. *Hok'saï Taïto*.

1023. —— Poisson nageant parmi des algues.

1024. — Estampe en hauteur : Djòro en promenade.
   Sign. *Katsuchika Taïto*.

1025. — Estampe en hauteur. Paysage sous un pont aérien reliant deux hautes falaises, entre lesquelles la lune brille sur un village de pêcheurs baigné par la mer.

Sign. *Katsuchika Taïto.*

1026. — Deux bandes étroites en hauteur : Cascade le long d'un rocher abrupt. — Deux poissons nageant dans le courant.

Sign. *Taïto.*

N° 955

1027. — Deux petites estampes en hauteur. Impression bleue : Paysan debout sur les bords d'une cuve. — Vol d'hirondelles sur la vague.

Sign. *Zén Hok'saï.*

1028. — Estampe en forme d'écran. Impression bleue. Deux poissons couchés sur tiges de bambou.

Sign. *Hok'saï, aratamé I-itsu.*

1029. — Estampe en largeur. Tige de pivoines épanouies. Impression à gaufrages.

1030. — — Sourimono en largeur. Un guerrier descendu de son cheval, érige devant l'entrée d'un palais un poteau avertisseur.
    Sign. *Hok'saï, aratamé I-itsu.*

1031. — Cinq sourimonos de la série du cartouche aux coquillages ;
    a. Cigognes au bord de la mer.
    b. Voyageurs au repos, au bord d'une prairie.
    c. Chapeau de paille renversé dans les fleurs.
    d. Encollage de feuilles de papier.
    e. Cache-cache derrière les parapluies ouverts.
    Sign. *Ghetchi Rôjinn I-itsu.*

1032. — Cinq sourimonos divers.
    Sign. *I-itsu.*

1033. — Petite estampe en hauteur. Quatre feuilles de fleurs et oiseaux.
    Sign. *Sén Hok'saï I-itsu.*

1034. — Cinq petites estampes en hauteur. — *Les cent contes* : Série des cinq apparitions. Le revenant aux assiettes. — La goule. — Squelette émergeant derrière la moustiquaire. — La lanterne fantôme. — Le serpent funéraire.
    Sign. *Zén Hok'saï.*

1035. — Quarante-deux estampes en largeur de la série *Fougakou sanjûrokkei*. Les trente-six vues du pic Fouji.
    Sign. *Zén Hok'saï I-itsu.*
    (Lot à diviser).

1036. — Dix estampes en largeur. *Meikkiô kiran.* — Les ponts célèbres.
    Idem.

1037. — Six estampes en hauteur. Les cascades célèbres.

1038. — Trois estampes en largeur. Les trois amies du poète : La fleur. — La lune. — La neige.
    Idem.

1039. — Dix grandes estampes en hauteur, les poésies *Chika chachinnkio* ; Haut. 0,51 ; larg. 0,22.
    Lot à diviser.

N° 1036 ".

1030. — .... en largeu... .... Impression à gaufrages...

1031. — .... cheval, érigé devant l'...
.... au poteau ... .
    Sign. *Hoksaï ..... I..*

1031. — Cinq sourimono... ... série de...... aux coquillages :
    a. ...ogues au bord ... l'...... .
    b. Voyageurs ... . au bord d'une prairie.
    c. Chapeau de paille ...versé dans les fleurs.
    d. Encollage de f...ill.. de papier.
    e. Cache-cache derrière les parapluies ouverts.
    Sign. *Ghetoaï Hokaï Iitsu.*

1032. — Cinq sourimonos divers.
    Sign. *Iitsu.*

1033. — Petite estampe en hauteur. Quatre feuilles de fleurs et oiseaux.
    Sign. *Sen Hoksaï Iitsu.*

1034. — Cinq petites estampes en hauteur. — *Les cent contes*. Série des cinq ....
Le revenant aux assiettes. — La goule. — Squelette émergeant derrière la moustiquaire.... La
lanterne fantôme. — Le serpent funéraire.
    Sign. *Zen Hoksaï...*

1035. — Quarante-deux estampes en largeur de la série *Onogikou sanjurokkeï*. Les trente-
six vues du pic Fouzi.
    Sign. *Zen H.... .. ....*
    Lot ... d... ..

1036. — Dix estampes ... . en ..... de .... — Les ponts célèbres.
    bleu

1037. — Six estampes .... — Les cascades ...ebr..

1038. — .... Les trois amies du poète : La fleur. — La lune
 — ....

1039. — .... estampes ... hauteur, les poésies *Chika chachinokis* : Haut ....

Partie du n° 1016

 a. Deux cavaliers chevauchant sur une route sinueuse. — Poésie chinoise sur la jeunesse.

 b. Rihakou, poète chinois, appuyé sur deux enfants, contemple du haut d'un escarpement la chute d'une cascade.

 c. Le poète chinois Hakou rakou zén, débarqué sur une rive escarpée, fait déployer un rouleau d'écriture devant un pêcheur à la ligne.

 d. Un vieillard, chargé de deux bottes de prêle, traverse un pont rustique qui conduit à un rideau d'arbres derrière lequel monte la pleine lune.

 e. Abéno Nakamaro, ambassadeur japonais en Chine, appuyé sur la terrasse d'un somptueux palais, rêve à la lune brillant sur la mer, qui éclaire aussi son paisible coin natal.

 f. Illustration d'un poème de Seichônagon sur l'évasion, au chant du coq, d'un prince chinois détenu dans une forteresse.

 g. Un seigneur japonais traverse, au pied de hautes montagnes, un pont jeté sur un torrent.

 h. Le poète Tôrouno Otodo, composant une ode au printemps, sur le bord d'une rivière.

 i. Femme battant du linge devant une chaumière ; illustration d'une poésie de Narihira : *Pendant l'absence de l'époux, le son du battoir de la femme fidèle traverse les espaces jusqu'aux oreilles du bien-aimé*.

 j. Le poète chinois Tôba chevauchant par la neige.

 Sign. *Zén Hok'saï, I-itsu*.

1040. — Grande estampe en hauteur. Aigle sur perchoir devant un haut cerisier en fleur. Haut. 0,51 ; larg. 0,22.

    Sign. *Zén Hok'saï, I-itsu.*

1041. — — Deux grandes cigognes sur un tronc de pin neigeux. Haut. 0,51 ; larg 0,22.
    Idem.

1042. — — Deux carpes nageant dans une puissante cascade : l'une en remontant, l'autre en descendant la chute d'eau. Haut. 0,51 ; larg. 0,22.
    Idem.

1043. — — Trois grands chevaux de couleurs contrastantes, groupés au premier plan d'une prairie où d'autres chevaux se voient galopant dans la distance. Haut. 0,51 ; larg. 0,22.
    Idem.

1044. — — Tortues marines, nageant au milieu des algues. Haut. 0,51 ; larg. 0,22.
    Idem.

1045. — Grand sourimono en largeur. Langouste. Impression en brun.

1046. — Vingt-six estampes en largeur. Série des *Cent poésies*.
    Sign. *Zén Hok'saï, Manji.*
    (Lot à diviser.)

1047. — Petite estampe en largeur, forme d'écran. Vol d'aigle.
    Sign. *Zén Hok'saï, Gwakio Rôjinn Man.*

1048. — Neuf estampes en largeur, forme d'écran. Reproduction moderne de décors d'éventails.
    Sign. *Zén Hok'saï I-itsu.*

1049. — Album en largeur, formé de la série des dix feuilles représentant les différentes scènes du *Tchiuchingoura* (Roman tiré de l'histoire des Rônins).

1050. — Album de cinquante-trois petites planches tirées en sourimono, représentant les cinquante-trois stations du Tokaïdo.
    Sign. *Hok'saï.*

1051. — Album contenant une série des cinquante-trois stations du tokaïdo. Cinquante-six feuilles en couleurs mesurant 0,22 de haut sur 0,17 de large.
    Reliure de luxe en peau de chagrin.

1052. — Huit sourimonos, sujets divers.

N° 1039 J.

Partie du n° 1046

Hok'saï et Divers.

1053. — Album de petits sourimonos. Vingt planches variées, représentant principalement des scènes féminines.

1053 bis. — Gravures diverses par Hok'saï et Hok'keï.

Ouwoya Hok'kei [1].

1054. — Grand sourimono en largeur. Un pont rustique couvert de neige, sous la courbe duquel se voit un vol d'oiseaux.
      Sign. *Hok'kei*.

1055. —— Paysans rentrant leur bateau chargé de bottes de paille.

1056. —— Sourimono en largeur. Tigre chargé d'attributs de guerre.

1057. — Sourimono. Le mont Fouji.

[1] Élève de Hok'saï.

1058. — — Faîtage en forme de poisson, devant un rouge disque de lune.

1059. — — Coq sur branche de prunier.

1060. — — Aigle sur prunier.

1061. — — Faucon sur perchoir.

1062. — — Couple de canards mandarins.

1063. — — Papillon et rave.

1063 bis. — — Le sujet d'un paon et paonne auprès d'une cascade, décorant un châssis.

1064 — — Une ghécha.

1065. — — Étriers.

1066. — Deux sourimonos. Sujets de nature morte.

1067. — — Oiseau et fleur de camélia. — Rat et pot de fleurs.

1068. — — Langouste et charbon de bois. — Éventail et pochettes.

1069. — — Kintoki terrassant un sanglier. — Héros légendaire.

1070. — — Lavandière. — Torii auprès d'un pont.

1071. — Vingt-deux sourimonos divers.

1072. — Sourimono en largeur. Un bac, au clair de lune.

1073. — Trois grandes estampes en largeur. Paysages de la série *Chôkokou meicho*. — Les sites renommés du pays.

1074. — Petit format. Impression bleue. Lac entouré de montagnes.

1075. — Panneau composé de deux sourimonos : Courtisane. — Seigneur assis devant son porte-sabres.
        Panneau encadré.

1076. — Album de vingt-deux sourimonos : Personnages, paysages, natures mortes.

Nº 1040.

1059. — Coq sur la cime d'un rocher.

1060. — Aigle sur pin(?)

1061. — Faisan et cheval noir.

1062. — Couple de canards mandarins.

1063. — Papillon et raxe.

1063 bis. — Le sujet d'un paon et paonne auprès d'une cascade [...] chasse [...]

1064 — Une gheisha.

1065. — Étr[...]

1066. — Deux [...] sujets d'animaux morts.

1067 — Oiseau [...] camélia. — Bol et pot de fleurs.

1068. — Langouste [...] action de bois. — Éventail et pochettes

1069. — Kiutoki terrassant un sanglier. — Héros légendaire.

1070. — Lavandière. [...]

1071. — Vingt-deux sourires [...]

1072. — Sou[...] en largeur [...]

1073 [...] grandes estampes en larg[...] Paysages de la série Ch[...]

[...] Lac entouré de montagnes

[...] sourimonos ; Courtisane. — Seigneur ass[...]

[...] Personnages, paysages, natures mortes

1077. — *Hokouri jiuni no toki*. — Les douze heures des villas du nord. Vingt-quatre pages d'illustration. Scènes du quartier Yochiwara.

Vers 1820, Yédo. 1 vol. 0,27 × 0,18.

1078. — *Suikogwadèn*. — Histoire illustrée de Suiko. Quarante-quatre pages d'illustration en couleurs. Guerriers de l'antiquité chinoise.

1820. Yédo. 3 vol. 0,22 × 0,16.

Partie du n° 1018

1079. — *Santo meicho itchiran*. — Coup d'œil sur les sites renommés des trois capitales. Vingt-neuf pages en couleurs. Vues des villes d'Yédo, Kioto et Osaka.

1 vol. 0,22 × 0,15.

1080. — *Kiôka Tôto jiuni kei*. — Les douze vues de Tôto (Yédo). Vingt-quatre pages d'illustration. Scènes dans Yédo.

1818, Yédo. 1 vol. 0,23 × 0,16.

1081. — Figures de poètes et de héros. Quatre pages illustrées, sans titre ni date.

1082. — *Hok'kei mangwa*. — Esquisses rapides de Hok'kei. Soixante pages d'illustration.

1814, Nagoya. 1 vol. 0,22 × 0,15.

1083. — *Kiôka dochiu gwafou.* — Recueil de poésies et de dessins de la route. Soixante-dix pages d'illustration, teintées. Sites le long du Tokaïdo.

1 vol. 0,22 × 0,15.

1084. — *Kiôka Fousso meicho dzuyé.* — Recueil de poésies sur des vues célèbres du Japon. Quarante pages d'illustration en couleurs. Sites variés.

1824. Yédo. 1 vol. 0,22 × 0,15.

1085. — Douze pages d'illustration en couleurs, représentant chacune un groupe de trois figures de poètes.

1 vol. 0,22 × 0,15.

1086. — *Kwatchô dzuyé.* — Recueil de dessins, de fleurs et d'oiseaux. Vingt-huit pages en couleurs.

1 vol. 0,22 × 0,15.

1087. — Figures de personnages célèbres.

2 vol. 0,22 × 0,16.

1088. — Recueil de figures célèbres. Quatre-vingts pages d'illustration, sans texte.

2 vol. 0,24 × 0,16.

Katsuchika Taïto[1].

1089. — *Kwatchô gwafou.* Album de fleurs et d'oiseaux. Quatre-vingt-dix-huit pages d'illustration en couleurs.

2 vol. dépareillés 0,22 × 0,15.

Anonyme.

1090. — Les deux rives de la Soumidagawa. Quarante pages d'illustration en couleurs.

2 vol. 0,26 × 0,18.

O-yé Yeijo[2].

1091. — *Onna tchohôki.* Trésors de la femme. Vingt pages d'illustration. Description de la vie féminine au Japon.

1847. 5 vol. 0,26 × 0,18.

---

[1] Élève de Hok'saï.
[2] Fille et élève de Hok'saï.

Séki Bounsén.

1092. — *Bounsén gwafou*. — Album de Bounsén. Trente-sept pages d'illustration. Croquis de personnages, de plantes et d'animaux.

1850, Osaka. 1 vol. 0,25×0,17.

Takékio.

1093. — Vingt-neuf pages d'illustration en couleurs tirées de l'histoire et de la légende.

3 vol. 0,22 × 0,15.

Yanagawa Shighénobou[1].

1094. — *Kiôka meicho dzuyé*. Poésies légères sur les sites renommés. Vingt-trois pages d'illustration, teintées.

1826. 1 vol. 0,22×0,15.

1095. — *Sansui ywajo*. Recueil de paysages. Quarante pages d'illustration en couleurs.

1835. 1 vol. 0,22 ×0,15.

1096. — Estampe en largeur. Blanchisseuses, en caricature.

Yanagawa Shighéyama[2].

1097. — *Yéhon fouji bakana*. Le livre des glycines du Japon. Seize pages d'illustration en couleurs, représentant les actes de femmes vertueuses, célèbres dans l'histoire.

Yédo, 1823. 1 volume.

N° 1024

[1] Gendre de Hok'saï et son élève.
[2] Élève de Shighénobou.

Shunsén[1].

1098. — Estampe en largeur. Jonques dans la mer intérieure.

Chôtei Hokoujû[1].

1099. — Estampe en largeur. Bateaux à voile dans l'embouchure du fleuve.
Sign. *Hokoujû*.

1100. —— Temple sur la baie d'Yédo.
Sign. *Chôtei Hokoujû*.

1101. —— Le pont de Riôgokou.

1102. —— Pont sur un canal en face la digue.

1103. —— La Soumidagawa.

1104. —— Rivière encaissée.

1105. —— Grottes au bord de l'eau.

1106. —— Même composition ; autre tirage.

1107. —— Pêche au filet, au bord de la plage.

1108. —— Les rochers sacrés d'Icé.

1109. —— La baie en face d'Yénochima.

1110. —— Même composition ; autre tirage.

1111. —— Le faubourg Shinagawa, à Yédo.

1112. —— Le pont Nihonbachi, à Yédo.

1113. —— Route en corniche devant le mont Fouji.

1114. — Grand sourimono en largeur. Personnage sur un bœuf conduit par une jeune femme.

[1] Élèves de Hok'saï.

N° 1044.

Shunsén

1098. — [illegible]

Chôtei Hokoujû

1099. — Estampe en largeur. Bateaux à voile dans l'embouchure du fleuve. Sign. *Hokouju*.

1100. — Temple sur la haute [illegible]. Sign. *Chôtei Hokouju*.

1101. — Le pont de B[illegible].

1102. — Pont [illegible] la digue [illegible].

1103. — Le Sennen[illegible].

1104. — [illegible].

1105. — [illegible] au bord [illegible].

1106. — Même composition, autre tirage.

1107. — Pêche au filet, au bord de la plage.

1108. — Les rochers [illegible] d'Isé.

1109. — La baie [illegible] d'Yoc[illegible]hima.

1110. — M[illegible].

1111. — [illegible] Shi[illegible] à Yedo.

1112. — [illegible] à Yedo.

1113. — [illegible].

1114. — [illegible].

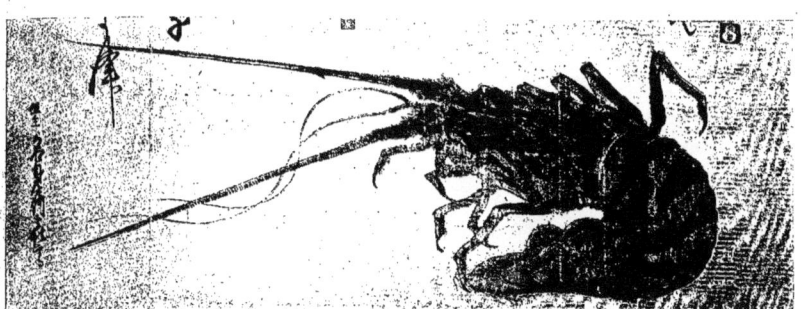

Nº 1045

Taïgakou [1].

1115. — Deux petites estampes en largeur. Impression bleue : Village dans un îlot, l'hiver. Paysage chinois avec pont, au bord de la mer.

1116. — Paysage chinois avec port, au bord de la mer.

Gakoutei [2].

1117. — Grande composition de cinq feuilles de petit format, représentant une théorie de neuf danseuses et d'un danseur, sur une terrasse surmontée d'une rangée de lanternes rouges. L'éclat des couleurs enrichies d'or s'enlève sur le fond noir de la nuit, coupé par le vert illuminé des arbres.

1118. — Sourimono ; une feuille, en double, de la composition ci-dessus.

1119. — Sourimono. Figure de blanchisseuse.

1120. —— Jeune dame, de dos, retournant la tête.

1121. —— Archer assis aux côtés d'une femme aux cheveux flottants, somptueusement vêtue.

1122. —— Un sage de la Chine assis sous un arbre fleuri. Impression sur fond d'or.

1123. —— Carpe remontant une cascade.

[1] Élève de Hok'saï.
[2] Élève de Hok'keï.

1124. — Deux sourimonos à motifs de nature morte.

1125. — — — à fond noir :
  a. Singe faisant sortir de sa main d'autres singes minuscules ;
  b. Jeune seigneur agenouillé devant un vieillard légendaire.

1126. — Sourimono sur fond d'or. Guerrier assis.

1127. — — Poétesse se détachant sur un jeu de fond composé de petits oiseaux.

1128. — Quatre sourimonos. Figures de femmes.

1129. — Six sourimonos, représentant chacun un groupe de sages de l'antiquité chinoise.

1130. — Quatre sourimonos. Figures de femmes.

1131. — Trois sourimonos. Sages de la Chine.

1132. — Deux sourimonos en largeur :
  a. Poétesse sur forme d'éventail ;
  b. Chariot de prince.

1133. — Treize sourimonos. Personnages variés.

1134. — *Itchirô gwafou.* — Album d'Itchiro ([1]). Quarante pages d'illustration en couleurs.
  1823, Yédo. 1 vol. 0,22 ×0,15.

1135. — *Riokougwa chokouninn zoukouchi.* — Les artisans de tous métiers, représentés par le dessin. Quarante-huit pages d'illustration en couleurs. Artisans et ouvriers au travail.
  1826, 1 vol. 0,22 × 0,18.

1136. — *Kiôka Suikoden.* Poésies sur l'histoire de Suiko. Cent quatre pages d'illustration, représentant des figures légendaires.
  1822, Yédo. 1 vol. 0,22 ×0,15.

Hokouba [2].

1137. — Sourimono en largeur. Débarquement.

1138. — Sourimono en hauteur. Deux dames élégantes devant un paravent.

1139. — Quatre sourimonos. Natures mortes.

[1] Nom de poète pris par Gakoutei.
[2] Élève de Hok'saï.

Estampes d'artistes variés.

1140. — Deux sourimonos bas en largeur.
  a. Château fort au bord d'un lac.
  b. Tortues sur une roche et dans l'eau.

1141. — Sourimono étroit en hauteur. Prunier en fleur; impression sur papier crêpé. Estampe datée de la période Tem-mei (1781-1788).

1142. — Sourimono bas en largeur. Poisson coupé en morceaux, dans une coupe de porcelaine.

1143. — Quatre sourimonos bas en largeur : Instrument à cordes et chrysanthèmes. — Princesse descendant d'une terrasse. — Vue de la mer intérieure. — Brasero en forme d'un lapin à côté d'une tige de chrysanthèmes.

1144. — Dix sourimonos bas en largeur. Motifs divers.

1145. — Sourimono bas en largeur. Boîte et jardinière remplie de tiges d'iris.

1146. — Onze sourimonos, variés de format et de sujets.

1147. — Trois estampes en largeur : Paysages. *Style hollandais*.

1148. — Sept estampes petit format carré : Études d'oiseaux et lapins.

1149. — Deux estampes en forme d'écran :
  a. Éventail et banderole sur un fond imitant le vieux bois.
  b. Boîte à masque.

1150. — Huit estampes petit format. Figures grotesques.

1151. — Deux estampes en largeur : Paysans chargeant un bœuf. — Poétesse sous un prunier en fleur.

Nº 1061

DIVERS

1152. — Estampe en largeur ; impression bleue. Plant de pivoine et papillon.

1153. — Estampe en hauteur ; impression bleue. Faucon sur tronc de pin.

1154. — Estampe en largeur. Branches fleuries ; impression gaufrée.

1155. — Deux estampes en largeur : Tiges de fleurs et libellule. — Bambou devant la lune.

1156. — Deux estampes en hauteur : Makiémono accroché à un pin. — Bambou et tiges de chrysanthèmes.

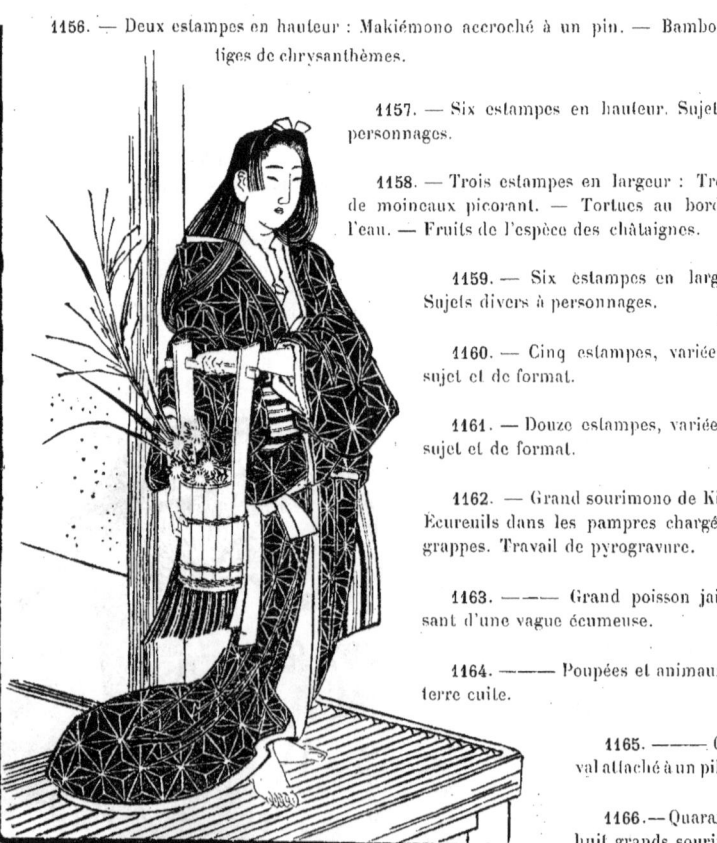

Page tirée du n° 1087

1157. — Six estampes en hauteur. Sujets de personnages.

1158. — Trois estampes en largeur : Troupe de moineaux picorant. — Tortues au bord de l'eau. — Fruits de l'espèce des châtaignes.

1159. — Six estampes en largeur. Sujets divers à personnages.

1160. — Cinq estampes, variées de sujet et de format.

1161. — Douze estampes, variées de sujet et de format.

1162. — Grand sourimono de Kioto. Écureuils dans les pampres chargés de grappes. Travail de pyrogravure.

1163. ——— Grand poisson jaillissant d'une vague écumeuse.

1164. ——— Poupées et animaux en terre cuite.

1165. ——— Cheval attaché à un pilier.

1166. — Quarante-huit grands sourimonos à sujets variés.

N° 1099.

1152. — ...

1153. — ...

1154. — ...

1155. — Deux estampes ... Vues de fleurs et ...

1156. — Deux estampes en hauteur : Musicienne accrochée à un ... ... de chrysanthèmes.

1157. — Six estampes en hauteur ... personnages.

1158. — Trois estampes en largeur : ... de moineaux picorant. — Tortues au ... l'eau. — Fruits de l'espèce des châtaignes

1159. — Six estampes ... sujets divers à personnages ...

1160. — Cinq estampes, variés ... sujet et de format.

1161. — Douze estampes, ... sujet et de format

1162. — Grand sujet ... ... dans les ... ... Travail de ...

1165. ...

1166. huit ...
nos à ...

Pages tirées du n° 1134

1167. — Dix-neuf estampes format écran, à sujets variés.

1168. — Grand sourimono de Kioto. Tigre à l'affût sur une souche. Estampe encadrée.

Keiçaï Yeisén[1].

1169. — Grande estampe, format kakémono. Carpe remontant une cascade.
Haut. 0,72 ; larg. 0,24.

1170. —— Portrait d'un personnage noble.

1171. — Estampe, format en largeur. Le pont Nihonbachi.

1172. —— Vingt-deux feuilles. Stations du Kiçokaïdo.
 a. Herbes brûlant dans les champs.
 b. Pont voûté au-dessus d'une cascade.
 c. Entrée de village, sous la neige.

[1] (1700-1848) Passe pour élève d'un nommé Yeiji, mais suit manifestement les voies de Hok'saï.

d. Une rue, la nuit.
e. Un bac.
f. Bœufs chargés, sous la rafale.
g. Seize sites variés.

1173. — Estampe en largeur. Temple et village sous la neige, au bord de l'eau.

1174. —— Poisson nageant entre deux eaux.

1175. — Estampe en hauteur ; impression en bleu. Aigle devant le Fouji.

1176. —— Tige de chrysanthème.

1177. — Deux estampes en hauteur : Ghécha, suivie d'une fillette. — Jeune femme sous un parasol.

1178. — Deux estampes petit format : Tortues et petits poissons entre deux eaux. — Paysage.

1179. — Petite estampe en largeur. Tige de fleur jaune et libellule.

1180. — Cinq sourimonos variés.

1181. — *Keiçaï gwafou.* — Album de Keiçaï. Cinquante-cinq pages d'illustration. Esquisses variées en noir.
    1 vol. 0,22 × 0,15.

1182. — *Oukio gwafou.* — Album du monde qui passe. Cinquante-sept pages d'illustration en teinte rosée. Esquisses variées.
    Nagoya. 1 vol. 0,22 × 0,15.

1183. — Quatre volumes divers. Cent soixante-une pages d'illustration.

Keiçaï Yeisén, O-ichi Matora et Kouniyochi.

1184. — *Chinnji ando.* — Décors de lanternes. Cent cinquante-cinq pages d'illustration. Scènes de personnages variées.
    Yédo. 4 vol. 0,22 × 0,16.

Kounisada [1].

1185. — Estampe format kakémono. Jeune fille debout en robe décorée de liserons, un rouleau de papier à la main.

---

[1] (1787-1865) Élève de Toyokouni dont, à partir de 1844, il adopte le nom pour se faire connaître comme *Toyokouni second*. Signe aussi *Itchiyusaï*, Gotôtei et parfois Kôsôtei (voir n° 1185 *bis* du catalogue).

1185 bis. — Estampe format kakémono. Oiseau de proie, debout sur une branche de pin tortueuse.

Sign. *Kosôtei Toyokouni.*

1186. — Six triptyques : *a.* Voyageurs sur une route bordée de cryptomerias au bord

N° 1163

d'une rivière. Dans le fond des collines boisées au-dessus desquelles se détache majestueusement le mont Fouji, tout couvert de neige.

b. Cueillette d'iris.
c. Voyageuse montée sur un bœuf, en vue d'Yénochima.
d. Figures de femmes au bord de la mer.
e. Les dieux faisant sortir du rocher Amatérassou, la déesse-soleil.
f. Shizuôka dansant devant Kiyomôri.

1187. — Format en largeur. Huit feuilles de paysages. Série de huit vues célèbres.

Sign. *Toyokouni.*

1188. — Format en largeur. Quatre feuilles diverses : Paysages et figures.

1189. — Trois estampes en format d'écran : Figures d'acteurs.

1190. — Six sourimonos : Figures diverses.

1191. — Quatre estampes en hauteur : Trois feuilles de lutteurs et un buste d'acteur, sur fond micassé.

1191 bis. — Cinquante-quatre estampes en hauteur. Sujets variés.

1192. — Les cinquante-trois stations du Tokaïdo. Album de 56 planches en couleurs, ornées de personnages sur des fonds de paysage.

1193. — Album contenant vingt-quatre feuilles en hauteur, figurant des scènes du Yochiwara et des acteurs. Les planches comprennent une composition à cinq feuilles, une à quatre feuilles et cinq triptyques.

1194. — Trois albums d'acteurs, contenant cent quatre feuilles en hauteur. Reliure de luxe en papier-cuir.

Kounisada et divers.

1195. — Deux albums, contenant soixante-treize feuilles en hauteur parmi lesquelles de nombreux triptyques. Reliure de luxe en papier-cuir, avec gardes à broderies chinoises.

1195 bis. — Album contenant cent trente-neuf feuilles en hauteur, figures et paysages. Reliure de luxe, les plats et les gardes en papier-cuir.

1196. — Dix-huit petites feuilles érotiques en couleur. Larg. 0,12 1/2 ; haut. 0,09 1/2.

Kouniyochi [1].

1197. — Grande estampe format kakémono. Grosse carpe, remontant une cascade.

1198. —— Nid d'aigle sur un pin.

1199. — Trois estampes en largeur : Feuilles de paysage animé de figures représentant des épisodes de l'histoire du saint prêtre Nitchirén.

[1] (1797-1861) Élève de Toyokouni l'aîné. Signe aussi *Itchiyûsaï*.

N° 1199 a.

1188. — Estampes en hauteur. Quatre feuilles diverses [illegible] colorées.

1189. — [illegible] estampes en format d'éven [illegible]

1190. — S[illegible] [illegible] Figures diverses.

1191. — [illegible] estampes en hauteur [illegible]

1192. — Cinquante-quatre estampes en hauteur [illegible] variés.

1192. — Les cinquante-trois stations du Tokaïd [illegible] Album de 56 planches en coule[ur]s
[illegible] de personnages sur des fonds de paysages.

1193. — [Album] contenant vingt-quatre feuilles en hauteur, figurant des scènes de Yoshi[wara] et des acteurs. Les planches comprennent une composition à cinq feuilles, [de nombreuses] feuilles [et des] triptyques.

1194. — [Album] [d']acteurs, contenant cent quatre feuilles en hauteur. Reliure de [luxe]
en [japon crème].

Kounisada et divers.

1195. — [Album] [con]tenant soixante-treize feuilles en hauteur parmi lesque[lles de] nombreux trip[tyques] [Reliure] de luxe en papier-cuir, avec garde à broderies chinoi[ses]

1195 bis. — [Album] [con]tenant [illegible]
Reliure de [luxe] [garde] en papier [cuir]

71 b [illegible] tatiques [illegible]

Kouniyochi.

[illegible] descendant une cascade

[illegible] de paysages, [illegible] de figures [illegible]

Partie de pages tirées du n° 1182

1200. — Deux estampes en largeur; paysages animés de personnages européens.

1201. — Dix estampes en largeur. Stations du Tokaïdo.

1202. — Estampe en largeur. Combat de deux guerriers.

1203. — Quatre estampes en hauteur : Poissons nageant.

1204. — Deux feuilles : Chôki. — Acteur en femme.

1205. —— Cinq feuilles de croquis, imitant des charges griffonnées sur un mur.

1206. — Estampe en largeur. La cascade sacrée.

1207. — Cinq sourimonos variés.

1208. — Six estampes format d'écran, dont quatre à sujets de chats.

1209. — Six petites estampes en largeur. Sujets de caricatures.

1210. — Cinq triptyques. Sujets légendaires, scènes de combat, figures de femmes.

1211. — Album contenant cinquante feuilles en hauteur, chacune d'une figure de Rôninn en action de combat.

1212. — Album contenant douze feuilles en hauteur, décorées chacune d'une figure de Rôninn dans une attitude de combat.

1213. — Trente-deux estampes en hauteur, à sujets variés.

Kouniyochi et divers.

1214. — Sept feuilles érotiques en couleur. Larg. 0,36 ; haut. 0,25.

Sôgakoudo.

1215. — Quarante-huit feuilles en hauteur, de fleurs et oiseaux.
Lot à diviser.

Sadahidé.

1216. — Neuf estampes en largeur : Scènes de théâtre empruntées à des sujets divers.

Hirochighé [1].

1217. — Grande estampe, format kakémono. Le pont Sarouhachi, dans les montagnes de Kiço. Sous l'arc vertigineux de ce pont aérien, reliant les hauts sommets de deux falaises abruptes baignées par un torrent, un immense disque lunaire éclaire la lointaine perspective d'une chaîne de montagnes qui borne une vallée parsemée de maisons à demi cachées sous les arbres. Haut. 0,72 ; larg. 0,25.

1218. — — L'hiver dans la montagne. Sous la neige profonde, au pied d'un pic gigantesque, un pont rustique surmonte un torrent dont les eaux bleues coulent au fond d'une gorge abrupte. Haut. 0,70 ; larg. 0,24.

1219. — — Aigle sur une branche de pin tombante. Haut. 0,71 ; larg. 0.24.

Partie du n° 1205

[1] (1797-1858) Élève de Toyohiro. Signe aussi des noms : *Itchiriusaï* et *Itchiyûsaï*.

N° 1231.   N° 1234.

Kouniyoshi et divers.

Sôgakoudo.

1215. —

Sadahidé.

Hirochighé.

1217. —

1220. — Triptyque. Clair de lune sur le lac de Kanasawa, province Bouchin.

1221. — Les rapides d'Awa no Narouto (mer intérieure.)

1222. — Les montagnes de Kiço, enfouies sous une neige profonde et baignées par un torrent dont les eaux bleues s'alimentent d'une cascade.

1223. — Diptyque. Clair de lune sur l'embouchure de la Soumida, peuplée de jonques.

N° 1238

1224. — Estampe en hauteur. Personnage légendaire saisissant un poisson géant.

1225. — Estampe étroite en hauteur. Cyprins nageant dans les algues.

1226. — Faisan sur un rocher fleuri de chrysanthèmes.

1227. — Cigogne sur une roche envahie par une vague déferlante.

1228. — Deux canards nageant derrière une haute tige de roseau.

1229. — Deux oiseaux volant vers la retombée de branches d'un cerisier.

N° 1249 a

1230. — — Singe savant sur perchoir surmonté d'une plate-forme.

1231. — — Vol d'oies sauvages parmi les nuages devant une pleine lune.

1232. — — Oiseau à longue queue sur branche de prunier.

1233. — — Couple de canards mandarins nageant dans une eau courante.

1234. — — Hibou sur une branche de pin tombante.

1235. — Deux petites estampes en hauteur, représentant des laboureurs dans la rizière.

1236. — Neuf petites estampes en largeur, tirées des cinquante-trois stations du Tokaïdo.

1237. — Petite estampe en forme d'écran. Voyageurs dans une grotte en vue du mont Fouji.

1238. — — Groupe de poissons et d'une coquille awabi.

1239. — Quinze estampes en largeur. Série des *Tchiuchingoura*. — Les fidèles vassaux. Histoire des quarante-sept Rônins.

1240. — Dix estampes en largeur. Poissons.

1241. — Neuf estampes en largeur. Poissons.

1242. — Quarante-six estampes en largeur. Série du *Gojiusan tsuki*. — Les cinquante-trois stations de la route Tokaïdo.

1243. — Dix-sept estampes en largeur. *Kioto meicho*. Vues célèbres de Kioto.

1244. — Six estampes en largeur de la série *Naniwa meicho*. — Vues célèbres de Naniwa (Osaka).

1245. — Quatre estampes en largeur de la série *Yédo kinko hak'kei.* — Huit vues des environs d'Yédo.

1246. — Vingt-neuf estampes en largeur. *Tôto meicho.* — Vues célèbres de Tôto (Yédo).

Page tirée du n° 1292.

1247. — Quatorze estampes en largeur. *Yédo meicho.* — Vues célèbres d'Yédo.

1248. — Vingt-quatre estampes en largeur de la série *Kiçokaïdo tsuki.* — Stations de la route Kiçokaïdo.

1249. — Deux estampes étroites en hauteur :
 a. Quartier d'Asak'sa sous une bourrasque.
 b. Flottille de jonques amarrées.

1250. ——— Clair de lune sur la Soumida. — Un quartier d'Yédo sous la neige.

1251. ——— Radeau sous la neige. — Cerisiers au bord de la Soumida.

1252. — Trois estampes étroites en hauteur. Paysages divers.

1253. — Six estampes étroites en hauteur. Les six rivières Tamagawa.

1254. — Estampe étroite en hauteur. Héron dans les roseaux.

1255. ——— Vol d'oies dans les nuages devant le disque lunaire.

1256. ——— Hibou sur branche de sapin.

1257. ——— Grappe de petits oiseaux sur branche.

1258. ——— Cailles et pavots.

1259. ——— Coucou sous l'averse.

1260. ——— Faisan sur tronc de pin neigeux.

1261. — Deux estampes étroites en hauteur : Deux canards et tige de roseaux. — Oiseau sur longue tige de fleurs.

1262. ——— Faucon sur perchoir. — Moineau et bambou.

1263. ——— Un oiseau agrippé à une branche tombante et motif analogue.

1264. ——— Couple de petits oiseaux et hortensia. — Petit oiseau sur branche de kaki.

1265. ——— Moineau sur bambou. — Deux petits oiseaux bleus sur tige de bambou.

1266. ——— Faisan, la queue dressée. — Oiseau sur branche de camélia.

1267. — Douze estampes étroites en hauteur. Oiseaux et fleurs.

1268. — Neuf estampes étroites en hauteur. Motifs de fleurs.

1268 bis. — Triptyque, représentant un embarquement sur les bords neigeux de la Soumida.

N° 1242 a.

1249. — ... estampes ch...
       ... et d'Asak... ...
       ... de ...

1250. — ... de Mim... ... Sumida. — ... quai... d'Asak... sous la neige.

1251. — Radeau sous la neige. — Cerisiers au bord de la Soumida.

1252. — Trois estampes étroites en hauteur. Paysages divers.

1253. — Six estampes étroites en hauteur. Les six rivières Tamagawa.

1254. — Estampe étroite en hauteur. Héron dans les roseaux.

1255. — — Vol d'oies dans les nuages devant le disque lunaire.

1256. — — Hibou sur branche de sapin.

1257. — — Grappe de petits oiseaux sur branche.

1258. — — Cailles et pavots.

1259. — — Coucou sous l'averse.

1260. — — Faisan sur tronc de pin neigeux.

1261. — Deux estampes étroites en hauteur : Deux canards et tige de roseaux. — Oiseau sur longue tige de fleurs.

1262. — — Faucon sur perchoir. — Moineau et bambou.

1263. — — Un oiseau agrippé à une branche ... et motif analogue.

1264. — — Couple de petits oiseaux et hortensia. ...

1265. — Moineau sur bambou. — Deux petits oiseaux ...

1266. — Oiseau, la queue dressée. — Oiseau sur ...

1267. — Douze estampes étroites en hauteur. Oiseaux et ...

1268. — Neuf estampes étroites en hauteur. Motifs de fleurs.

1269. — Triptyque, représentant un embarquement sur les bords neigeux de ...

Page tirée du n° 1293

1269. — Huit estampes en largeur. *Omi hak'kei*. — Les huit vues d'Omi.

1270. — Estampe en largeur tirée du *Tôto meichô* : Temple d'Assak'sa

1271. ——— Entrée de la grande rue du quartier Yochiwara, au clair de lune.

1272. ——— Temple sous la neige au bord d'un étang.

1273. — Estampe en largeur tirée du *Hontcho meichô* : Le pic Fouji sous la neige, dominant une vallée.

1274. — Estampe en largeur tirée du *Kioto meichô* : Les rapides d'Arachiyama.

1275. — Deux estampes en largeur, tirées de la série *Omi hak'kei*.

1276. — Cinq estampes en largeur. Paysages variés.

1277. — Vingt-cinq estampes en hauteur, tirées du *Yédo meicho*.

1278. — Quatre-vingt-cinq estampes en hauteur, tirées du *Yédo meicho*.

1279. — Vingt estampes en hauteur, tirées des *Soixante et quelques provinces*.

1280. — Cinquante-cinq estampes en hauteur, tirées de la même série que le numéro précédent.

1281. — Vingt estampes en hauteur. Sujets variés.

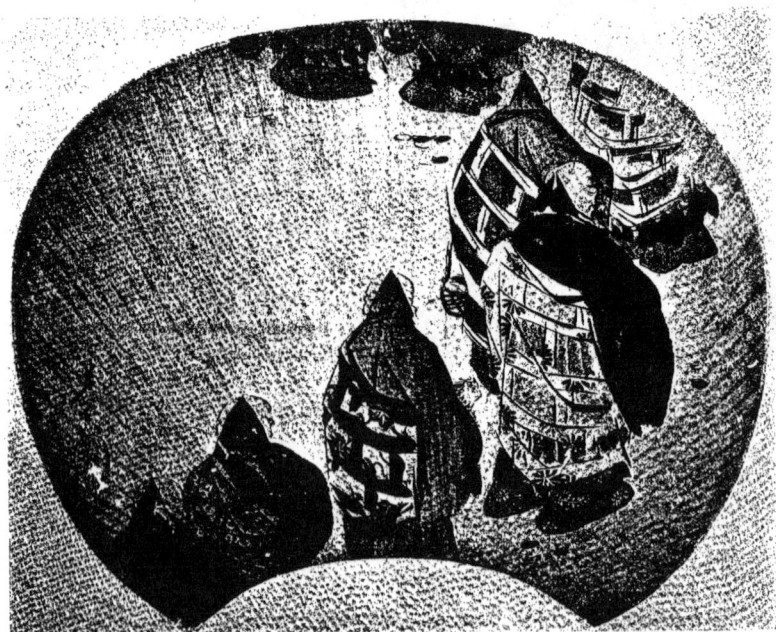

N° 1302

1282. — Quarante-deux estampes petit format, d'une des séries des cinquante-trois stations du Tokaïdo.

1283. — Cinquante-trois estampes petit format. Les cinquante-trois stations du Tokaïdo, autre série.

1284. — Dix estampes en hauteur, tirées d'une des séries des cinquante-trois stations du Tokaïdo.

1284 bis. — Quarante-quatre estampes en hauteur, de la même série que le précédent numéro.

1285. — Six estampes petit format en largeur. Sujets variés.

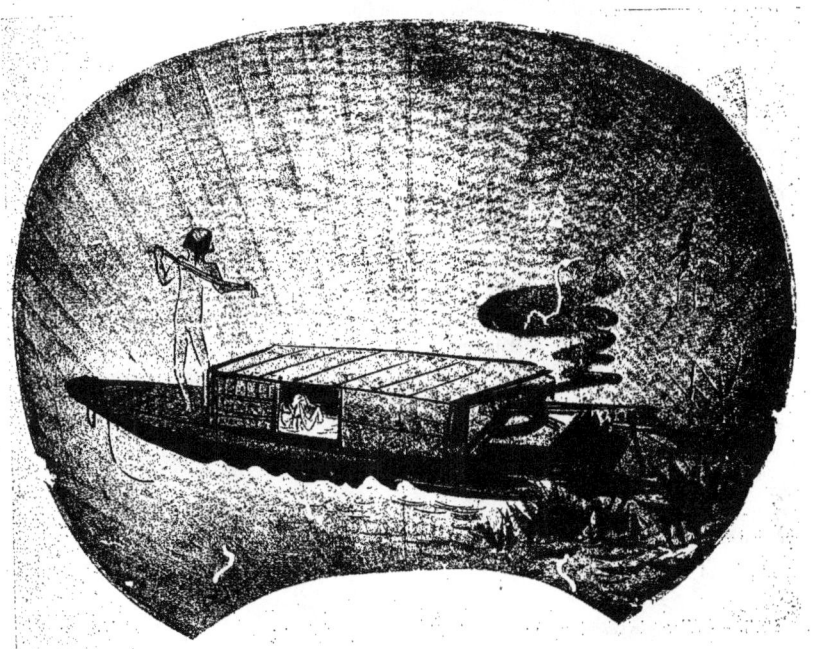

N° 1304

1286. — *Yédo meicho*. — Vues célèbres d'Yédo. Soixante planches en couleurs. Vues de la capitale et de sa banlieue.

2 albums 0,35 × 0,24.

1287. — *Tôto sanjûrok'kei*. — Trente-six vues de Tôto (Yédo). Album contenant trente-sept planches en couleurs.

1288. — *Chôkokou meicho hiak'kei*. — Cent vues célèbres de toutes les provinces. Album de trente-sept planches en couleurs.

1289. — *Yédo meicho chijiuhak'kei.* — Quarante-huit vues célèbres d'Yédo. Album de quarante-huit planches.

1 vol. 0,25 × 0,17.

1290. — *Fouji sanjûrok'kei.* — Trente-six vues du Fouji. Album de trente-six planches, petit format en largeur.

1 vol. 0,24 × 0,18.

1291. — *Fouji sanjûrok'kei.* — Trente-six vues du Fouji. Album de trente-six planches en hauteur.

1292. — *Oukiyo-gwafou.* — Album du monde qui passe. Cinquante-huit pages d'illustration en teinte rose. Croquis de tous motifs.

Nagoya. 1 vol. 0,22 × 0,15.

Livres divers.

1293. — *Kiogwayén.* — Brillants dessins comiques. Quarante-cinq pages d'illustration en couleurs. Personnages d'un caractère humoristique.

1 vol. 0,22 × 0,15.

1294. — *Kioçaï gwachinn.* — Recueils de dessins par *Kioçaï*. Cinquante-deux pages d'illustration en couleurs. Croquis en caricatures.

1 vol. 0,22 × 0,16.

1295. — *Kinntchô riyakougwa.* Croquis divers, par *Kinntchô*.

1863. 1 vol.

1296. — *Kioka-chû.* — Recueil de poésies légères. Cinquante-six pages d'illustration en couleurs. Sites de la route Tokaïdo, mélangés à des poésies.

1 vol. 0,22 × 0,16.

1297. — Deux petits volumes, par *Sadahidé* et par *Yochitochi*. Scènes de batailles et épisodes divers.

1298. — Cinquante-deux volumes variés.

Albums divers.

1299. — Dix-huit albums de gravures en couleurs. Feuilles d'acteurs, figures de femmes, paysages, etc.

Zéshinn.

1300. — Estampe format écran. — Personnage hissant une grosse lanterne-ballon.

1301. ——— Groupe de gens du peuple, dont les têtes seules émergent du bord inférieur de la feuille.

1302. ——— Cortège de prêtres.

1303. ——— Toit de temple et tour de pagode.

1304. ——— Bateau sur la rivière.

1305. — Trois estampes en largeur. Sujets divers.

École d'Osaka.

1306. — Quatre estampes en hauteur : Figures d'acteurs et scènes de théâtre.

Diverses Estampes.

1307. — Deux triptyques, représentant des femmes sur fond de paysages.

1308. — Huit planches en largeur. Motifs variés.

1309. — Quarante planches en hauteur. Figures de femmes.

Livres modernes.

1310. — Quatre volumes grand in-4°. Fleurs et oiseaux. $0,36 \times 0,25$.

1311. — Trois volumes in-8°. Fleurs et oiseaux. 0,25×0,17.

1312. — Deux volumes in-8° Reproductions de peintures. 0,29×0,18.

1313. — Deux volumes in-8°. Illustrations sur la chasse au faucon. 0,23×0,16.

1314. — Un album d'illustrations, contenant trente doubles planches en couleurs, représentant des scènes de la guerre sino-japonaise de 1894. 0,36×0,37.

Peintures originales

Hichigawa Moronobou.

1315. — Deux manzaï, dansant devant un groupe de promeneurs, au bord d'une rivière ombragée par un pin.

1316. — Mère, fillette et petits enfants.

1317. — Groupes de femmes allongées sur le sol.

1318. — Trois jeunes femmes et un enfant.

1319. — Groupe de quatre jeunes femmes.

1320. — Une dame peignant un dragon sur un grand écran, au milieu d'un cercle de dames accompagnées d'un jeune seigneur.

1321. — Joueurs de gô, musicienne et fumeur.

Peintures diverses.

1322. — Le cône neigeux du mont Fouji avec, au premier plan, un saule pleureur, et des paquets de chanvre tendus sur des pieux.
   Sign. *Manji, Hok'saï*, à l'âge de quatre-vingt-neuf ans.

1323. — Une jeune femme brandissant une tige fleurie au-dessus d'un guerrier accroupi à ses pieds.

1324. — Bûcheron contemplant un petit animal chimérique, à ses pieds.
   Sign. *Manji, Hok'sai*.

1325. — Acteur en grand manteau rouge.

1326. — Feuille d'esquisses, représentant des figures de prêtres bouddhiques.

1327. — Album composé de six aquarelles d'oiseaux et fleurs.

1328. — Album composé de douze aquarelles de paysages et de figures.

1329. —— de quarante-huit aquarelles de paysages, d'animaux et de fleurs.

1330. —— de douze aquarelles de paysages et de figures.

1331. —— de six aquarelles à motifs d'oiseaux.

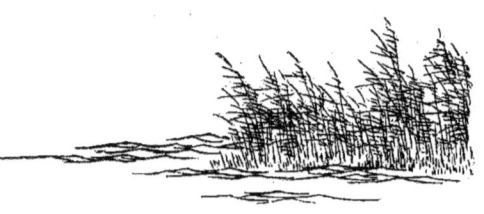

TABLE DES NOMS D'ARTISTES
FIGURANT AU PRÉSENT CATALOGUE

Baïtei (Kino) ou Kourô.	N° 632	Kawabé (Shimo).	N° 631.
Boumpô	N°ˢ 647, 648	Keiçaï Yeisén.	N°ˢ 1169 à 1183
Bounsen (Séki).	N° 1092	Keiçaï Yeisén, O-ichi Matora et Kouniyochi.	N° 1184
Bountcho (Ippitsusaï).	N°ˢ 312 à 329	Kihô.	N° 886
École de Katsukawa.	N°ˢ 430, 431	Ki-itchi.	N° 656
École de Moronobou.	N°ˢ 38, 39	Kino Baïtei (Kourô).	N° 632
École de Toriï.	N° 41	Kinnrinn.	N°ˢ 654, 655
Époque de Harunobou.	N°ˢ 243 à 247 bis	Kinntchô.	N° 891
Gakoutei.	N°ˢ 1117 à 1136	Kitagawa Outamaro.	N°ˢ 697 à 803
Ghescho.	N°ˢ 653, 653 bis	Kitao Massanobou.	N°ˢ 522 à 526
Gokiô.	N°ˢ 840, 841	Kitao Massayochi.	N°ˢ 502 à 521
Haoégawa Mitsunobou.	N° 171	Kitao Shighémassa.	N°ˢ 487 à 501
Hanaboussa Ittcho.	N°ˢ 167 à 168 bis	Kiyochighé (Toriï)	N°ˢ 61 à 63
Harunobou (Souzouki),	N°ˢ 173 à 242	Kiyohiro (Toriï)	N°ˢ 85 à 95
Harunobou (Époque de).	N°ˢ 243 à 247 bis	Kiyomasson (Toriï).	N°ˢ 51 à 60
Hayami Shunchôcaï.	N° 172	Kiyomitsu (Toriï).	N°ˢ 69 à 83
Hichigawa Morofussa.	N° 40	Kiyonaga (Toriï).	N°ˢ 432 à 486
Hichigawa Moronobou.	N°ˢ 10 à 37	Kiyonobou (Toriï).	N°ˢ 42 à 50
Hidémaro.	N°ˢ 804, 805	Kiyonobou le jeune (Toriï).	N°ˢ 64 à 68
Hirochighé.	N°ˢ 1217 à 1292	Kiyotsuné (Toriï).	N° 84
Hok'keï.	N°ˢ 1054 à 1088	Kochou.	N° 649
Hôkio Tatchibana Yassukoumi.	N°ˢ 165, 166	Kô inn (ou Tokei).	N°ˢ 639, 640
Hokouba.	N°ˢ 1137 à 1139	Kôkan.	N° 636
Hokoujô.	N°ˢ 1099 à 1114	Kôrin (Ogata).	N°ˢ 657 à 664
Hok'saï (Katsuchika).	N°ˢ 895 à 1052	Koriusaï.	N°ˢ 248 à 310
Hok'saï et divers.	N°ˢ 1053, 1053 bis	Koriusaï, Massanobou et autres.	N° 311
Ichikawa Toyonobou.	N°ˢ 124 à 130	Koubo Shunman.	N°ˢ 819 à 860
Imoura Katsukitchi.	N° 8	Kounimassa.	N°ˢ 665 à 671
Ippitsusaï Bountcho.	N°ˢ 312 à 329	Kounisada.	N°ˢ 1185 à 1194
Ittcho (Hanaboussa).	N°ˢ 167 à 168 bis	Kounisada et divers.	N°ˢ 1195 à 1196
Jinhitchi (Otoyama).	N°ˢ 6, 7	Kouniyochi.	N°ˢ 1197 à 1213
Jitchôsaï.	N°ˢ 627 à 629	Kouniyochi et divers.	N° 1214
Kaboukido In-kio	N° 671 bis	Kouniyochi, Keiçaï Yeisén et O-ichi Matora.	N° 1184
Kannrinn (Okada).	N° 893	Kourô (Kino Baïtei).	N° 632
Kanyôçaï.	N°ˢ 626, 626 bis	Kôyetsu.	N° 5
Katsuchika Hok'saï.	N°ˢ 895 à 1052	Kwasan.	N° 885
Katsukawa Shunjo.	N°ˢ 429, 429 bis	Marouyama Okio.	N° 892
Katsukawa Shunko.	N°ˢ 407 à 428	Massanobou (Kitao).	N°ˢ 522 à 526
Katsukawa Shunsén.	N° 428 bis	Massanobou (Okoumoura).	N°ˢ 96 à 106
Katsukawa Shuusho.	N°ˢ 330 à 388	Massanobou (Tsukiôka).	N°ˢ 169 à 170
Katsukawa Shuntcho.	N°ˢ 675 à 695	Massayochi (Kitao).	N°ˢ 502 à 521
Katsukawa Shuntei.	N° 674	Matora (O-ichi).	N°ˢ 887, 888
Katsukawa Shunyei.	N°ˢ 391 à 406	Mitsunobou (Haoégawa).	N° 171
Katsukawa Shunzan.	N°ˢ 672, 673	Morikouni (Tatchibana).	N°ˢ 163, 164
Katsukawa (École de)	N°ˢ 430, 431	Morofussa (Hichigawa).	N° 40
Katsukitchi (Imoura).	N° 8	Moronobou (Hichigawa).	N°ˢ 10 à 37
Katsumassa (Yochimoura).	N°ˢ 9, 9 bis	Moronobou (École de).	N°ˢ 38, 39

TABLE DES NOMS D'ARTISTES

Nantei (Nichimoura).	Nos 644 à 646	Shunyei (Katsukawa).	Nos 391 à 406
Nichigawa Sukétada.	Nos 153 à 156	Shunzan (Katsukawa).	Nos 672, 673
Nichigawa Sukénobou.	Nos 131 à 132	Shutchô.	N° 810
Nichimoura Nantei.	Nos 644 à 646	Sôdjoun (Yamagoutchi).	Nos 634, 635
Nichimoura Shighénaga.	Nos 115 à 121	Sogakoudô.	N° 1215
Nichimoura Shighénobou.	Nos 122 à 123	Souzouki Harunobou.	Nos 173 à 242
Nitchôsaï.	N° 630	Suiséki.	N° 652
Oaka Shumbokou.	Nos 157 à 162 bis	Sukénobou (Nichigawa).	Nos 131 à 132
Ogata Kôrin.	Nos 657 à 664	Sukétada (Nichigawa).	Nos 153 à 156
O-ichi Matora.	Nos 887, 888	Taïto.	N° 1089
O-ichi Matora, Keiçai Yeisen et Kouniyochi.	N° 1184	Taïgakou.	Nos 1115, 1116
Okuda Kanrinn.	N° 893	Taïyodo.	N° 638
Okio (Marouyama).	N° 892	Takékio.	N° 1093
Okoumoura Massanabou.	Nos 96 à 106	Tatchibana Morikouni.	Nos 163, 164
Okoumoura Tochinobou.	Nos 107 à 114	Tatchibana Yassukouni.	Nos 165, 166
Onichi Tchinnén.	Nos 889 à 891	Tchikoudo.	N° 637
Osaka (Ecole d').	N° 1306	Tchinnén.	Nos 889 à 890
Outagawa Toyoharou.	Nos 553 à 565	Tchôbounsaï Yeichi.	Nos 811 à 829
Outagawa Toyokouni.	Nos 581 à 623	Tchôki.	Nos 842, 843
Outagawa Toyohiro.	Nos 568 à 579	Tchôkoçaï Yeicho.	Nos 830 à 834
Outamaro (Kitagawa).	Nos 697 à 803	Tochinobou (Okoumoura).	Nos 107 à 114
Otoyama Jinhitchi.	Nos 6, 7	Tôchiuçaï Sharakou.	Nos 527 à 552
O-yé Yeijo.	N° 1091	Tokei (ou Kô-inn).	Nos 639, 640
Raïcén.	N° 567	Torii Kiyochighé.	Nos 61 à 65
Rékicenté Yeiri.	Nos 836 à 838	Toriï Kiyohiro.	Nos 85 à 93
Riusui.	N° 625	Toriï Kiyomassou.	Nos 54 à 60
Rôrén.	N° 172 bis	Toriï Kiyomitsu.	Nos 69 à 83
Sadahidé.	N° 1216	Toriï Kiyonobou.	Nos 42 à 50
Séki Bounsén.	N° 1092	Toriï Kiyonobou le jeune (ou Toriï Shiro).	Nos 64 à 68
Sékiyén (Toriyama).	N° 696	Toriï Kiyotsuné.	N° 84
Sekkô.	N° 566	Toriï (École de).	N° 41
Sharakou (Tôchiuçaï).	Nos 527 à 552	Toriyama Sékiyén.	N° 696
Shighémassa (Kitao).	Nos 487 à 501	Toyoharou (Outagawa).	Nos 553 à 565
Shighénaga (Nichimoura).	Nos 115 à 121	Toyohiro (Outagawa).	Nos 568 à 579
Shighénobou (Nichimoura).	Nos 122, 123	Toyohiro et Toyokouni.	N° 580
Shighénobou (Yanagawa).	Nos 1094 à 1096	Toyokouni (Outagawa).	Nos 581 à 623
Shighéyama (Yanagawa).	N° 1097	Toyokouni, Shunsho et Shunyei.	N° 624
Shiko.	Nos 808, 809	Toyonobou (Ichikawa).	Nos 124 à 130
Shimo Kawabé.	N° 631	Tsukimaro.	Nos 806, 807
Shinsaï.	Nos 864 à 871	Tsukiôka Massanobou.	Nos 169 à 170
Shiro (Toriï).	Nos 64 à 68	Yamagoutchi Sôdjoun.	Nos 634, 635
Shokoçaï.	N° 633	Yanagawa Shighénobou.	Nos 1094 à 1096
Shumbokou (Oaka).	Nos 157 à 162 bis	Yanagawa Shighéyama.	N° 1097
Shunchôçaï (Hayami).	N° 172	Yassukouni (Hôkio Tatchibana).	Nos 165, 166
Shunjo (Katsukawa).	Nos 429, 429 bis	Yeisén (Keiçai).	Nos 1169 à 1183
Shunko (Katsukawa).	Nos 407 à 428	Yeichi (Tchôbounsaï).	Nos 811 à 829
Shunman (Koubo).	Nos 849 à 860	Yeicho (Tchôkoçaï).	Nos 830 à 834
Shunsén.	N° 1098	Yeiçui.	N° 839
Shunsén (Katsukawa).	N° 428 bis	Yeijo (O-yé).	N° 1091
Shunsho (Katsukawa).	Nos 330 à 388	Yeiri.	N° 833
Shunsho et Bountcho.	N° 389	Yeiri (Rékicenté).	Nos 836 à 838
Shunsho et Shighémassa.	N° 390	Yeizan.	Nos 814 à 848
Shunsho, Shunyei et Toyokouni.	N° 624	Yeizan et divers.	N° 848 bis
Shuntcho (Katsukawa).	Nos 675 à 693	Yochimoura Katsumassa.	Nos 9, 9 bis
Shuntei (Katsukawa).	N° 674	Zéshinn.	Nos 1300 à 1305

ÉVREUX, IMPRIMERIE DE CHARLES HÉRISSEY

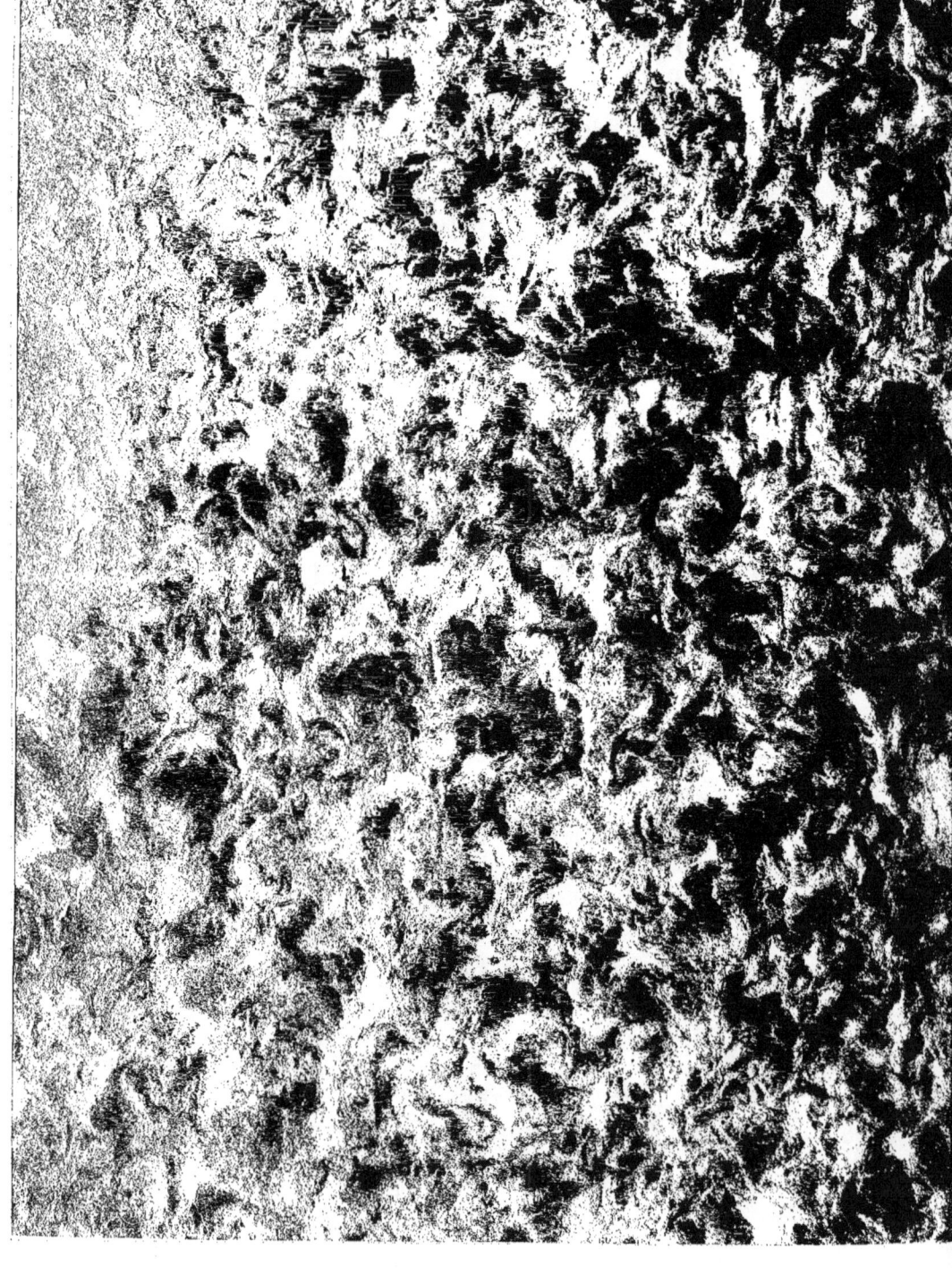

www.ingramcontent.com/pod-product-compliance
Lightning Source LLC
Chambersburg PA
CBHW070450170426
43201CB00010B/1279